Şinasi Dikmen

Der *andere* Türke

Satiren

EXpress Edition

Titelillustration: **Muhsin Omurca**

CIP-Kurztitelaufnahme der Deutschen Bibliothek:

Dikmen, Şinasi:
Der andere Türke : Şinasi Dikmen. –
Berlin : EXpress-Edition, 1986.
(Autoren-EXpress)
ISBN 3-88548-353-X

Verlag und Vertrieb EXpress Edition GmbH
Postfach 11 02 63
Ritterstr. 60b
1000 Berlin 61
Tel.: 030/251 11 36

Satz Eigensatz bei dtf – 030/612 69 87

Druck Fuldaer Verlagsanstalt

(14 80)

Inhalt

Wer ist ein Türke?

Wer ist ein Türke? Wie erkennt man ihn, woher weiß man, ob jemand ein Türke, ist? Diese Fragen beschäftigen mich, seit ich in Deutschland bin. In der Türkei war für mich jeder ein Türke den ich kannte und mit dem ich türkisch sprach. Als ich klein war – die erwachsenen Türken waren auch einmal klein – glaubte ich, daß es auf der Welt nur eine Sprache gäbe, nämlich die türkische, und daher alle Menschen dieser Erde Türken seien.

Man redete über Amerikaner, über Russen, über Franzosen, aber konkrete Vorstellungen hatten wir von diesen Menschen nicht. Ja, ein böser Russe sieht wie ein gefährlicher Bär aus, ein Amerikaner ist die reine Freundlichkeit, und ein Deutscher ist treu wie ein Schäferhund. Dies alles waren nur vage Vermutungen, aber ein Gesicht bekamen wir nie zu sehen. In der Realschule lernte ich Französisch, ohne je einen Franzosen leibhaftig gesehen zu haben. Wir erfuhren, wo Paris liegt, wie hoch die französische Kultur ist, dazu lernten wir Lieder auf französisch auswendig.

Meine Vorstellungen von den Türken, das waren meine Eltern, meine Geschwister, meine Verwandten und die Dorfbewohner und all die anderen, die ich irgendwie kennengelernt und gesehen habe, bis ich nach Deutschland kam.

In Deutschland fragten mich die Deutschen und dann ich mich selbst: *Wer ist ein Türke?* Viele glauben ein Türke sei der, der einen schwarzen Schnurrbart und einen türkischen

Paß hat. Es gibt in Europa aber viele Türken, die keinen türkischen Paß haben, darunter sogar etliche, denen gar der Schnurrbart fehlt. Nichtsdestoweniger sind es Türken, denn sie sprechen Türkisch. Viele von ihnen sprechen aber auch deutsch. Sind es darum Deutsche? Das wäre den Deutschen aber gar nicht recht. Es graut einem Deutschen, wenn er daran denkt, daß ein Deutsch sprechender Türke Polizist werden könnte. Müllmann aber kann er werden. Denn welcher deutsche Polizist möchte schon gern Müllmann sein? ÖTV! Aufwachen! Deine Mitglieder sind fast alle Türken. Aber eine türkische Gewerkschaft überlebt in Deutschland keinen einzigen Tag. Ich bitte Sie: Ist nicht auch Müllmann ein ehrbarer Beruf?

Aber wer ist dann ein Türke? Fragen Sie mal einen Konsulatsbeamten. Sie werden mit Sicherheit folgende Antwort bekommen: „Nur die Angehörigen des Konsulats sind Türken, die anderen, die in Deutschland sind, sind reine Gastarbeiter, aber keine Türken." Jetzt wissen wir, daß nicht alle türkischen Gastarbeiter Türken sind.

Bin ich ein Türke? Oder kein Türke? Wenn ich kein Türke bin, was bin ich dann? Und wenn ich doch Türke bin? Was ist der Konsulatsbeamte? Mit einem griechischen Gastarbeiter habe ich mehr Gemeinsamkeiten als mit diesem Beamten. Aber dieser Grieche kann nicht Türkisch; auch wenn er könnte, würde er mit mir bei den anderen Griechen nicht türkisch sprechen. Bin ich etwa ein getürkter Türke?

Wenn man in Deutschland einen Ford-Granada fährt, so fährt man eine Türkenkutsche. Wie hieß der Türke, der dieses Auto entworfen und produziert hat? Hieß derjenige, der die erste Plastiktüte erfand, Ali Osman oder Mehmet Ali?

Ich bin in der Türkei geboren, mit türkischer Erziehung aufgewachsen. Meine Eltern sind Türken wie meine Geschwister und meine Verwandten. Ich habe die türkische Schule besucht, als türkischer Gastarbeiter bin ich nach Deutschland gekommen, als Türke habe ich mich beim Ausländeramt gemeldet. Meine Krankenversicherung, meine Rente und meine Autoversicherung laufen unter der Nationalität „Türke", und ich spreche mit meinen Kindern, soweit es möglich ist, zu Hause Türkisch, ich liebe türkisch, ich hasse türkisch, ich esse türkisch und ich sch... türkisch, und ich glaubte fest daran, daß ich ein Türke sei – bis dieser Vorfall passierte.

Vor zwei Jahren nahm ich an einer Lesung in Hameln teil und stieg in Hannover in den Zug Richtung Ulm. Es war eine gute Lesung in Hameln. Das Publikum war nett, wir unterhielten uns angenehm, diskutierten über die Situation der Türken und über die Deutschen, über Gott und die Welt. Nach der Lesung gingen wir in ein griechisches Lokal, in dem wir fast türkisch aßen. Am nächsten Tag wurde ich von einer Dame bis zum Bahnhof in Hannover gefahren.

Ich betrat ein Abteil, in dem nur ein älteres Ehepaar saß. Ich fragte sie höflich, ob ein Platz frei sei, und sie antworteten höflich, ja, bitte; ich setzte mich hin, schlug „Die Zeit" auf und tat, was in Deutschland bei einer solchen Fahrt verlangt wird, nämlich schweigen, schweigen, schweigen, nie etwas fragen, solange du selbst nicht gefragt wirst. Zwischen den Zeilen dachte ich über Elisabeth nach, bei der ich übernachtet und mit der ich gefrühstückt hatte, dachte über ihre beiden Kinder nach. Elisabeth erzog ihre Kinder zweisprachig, türkisch-deutsch, und trotzdem gingen die Kinder ins Gymnasium und waren sehr erfolgreich. Ob Elisabeth von ihrem türkischen Mann getrennt lebte oder schon von ihm geschieden war, weiß ich heute nicht mehr. Sie war eine gute Gastgeberin, wie eine Türkin. Sie steckte sogar Reiseproviant in meine Tasche. Das hatte ich noch nie

erlebt. Nein, nein, sie hatte etwas von den Türken angenommen. Bei vielen deutschen Gastgebern hatte ich schon übernachtet, aber sie war igendwie anders.
War Elisabeth eine Türkin? Ich glaube nicht. Wir sprachen Deutsch, obwohl sie Türkisch beherrschte. War sie eine Deutsche? Das auch nicht. Sie war eine hervorragende Gastgeberin und ein guter Mensch.
Ich aß den Reiseproviant auf, las weiter „Die Zeit", stellte niemandem Fragen, wurde auch nichts gefragt. Das Ehepaar redete von Füssen über Oberstdorf so vor sich hin, bis Fulda. In Fulda stieg ein richtiger Türke zu, fragte das Ehepaar kurz und knapp: „Frei?" Bevor er ausgesprochen hatte, schrie die Dame schon: „Nein, nichts frei!" Der Türke, klein, gedrungen, mit handgestrickter Weste, grün, ich würde sagen, Türkengrün, stechendes Grün, in beiden Händen Plastiktüten, ging nach dieser barschen Antwort weiter. Ich schaute ihn an, er schaute mich an, so als frage er, hier sind doch noch drei Plätze frei; ich hatte das alles nicht richtig mitbekommen, so schnell ging es. Der Zug war, soviel ich sehen konnte, voll. Der Türke stellte sich genau vor unsere Tür, wie zum Trotz. Ich fragte die Dame: „Hier sind doch noch drei Plätze frei. Warum sagten Sie dem Mann, daß nichts frei sei?" Wie stets, wenn Deutsche sich gegenseitig taxieren, antwortete die Dame mit einer Stimme, die zwar höflich war, aber vom Gesprächspartner Abstand verlangte, daß sie mit so einem Typen nicht zusammen in einem Abteil fahren möchte. Ich hakte nach: „Was meinen Sie mit Typen? Mit einem türkischen Typen? Woher wissen Sie, daß er ein Türke ist?" „Das merkt man doch gleich," antwortete sie, ich solle mal richtig hinschauen, dieser finstere Blick und diese Arroganz. Ich erwiderte: „Der Mann hat doch nur höflich gefragt." „Das meinen Sie! Ich aber kenne diese Türkenblicke!" Nein, ich könne von der Dame nicht verlangen, daß sie sich die Fahrt durch die

Anwesenheit eines Türken verderbe. Sie möchte auf keinen Fall mit einem Türken im Abteil sitzen. Ich ließ nicht lokker: „Sie fahren aber mit einem Türken im Abteil." „Nein", sagte sie, „nein, ich fahre nicht und ich werde auch nicht fahren." „Doch, Sie fahren mit einem Türken, und zwar mit mir!" Sie wußte zunächst nicht, was sie sagen sollte. Sie schaute ihren Mann an, bat ihn um Hilfe, aber der verlor kein Wort, er kontrollierte seine Fußspitze, tat so, als höre er nichts. Die Dame faßte meine Aussage als Bescheidenheit auf: man solle sich auch nicht zum Spaß so sehr erniedrigen. „Ich erniedrige mich nicht, wenn ich Ihnen sage, was ich bin." „Meinen Sie, daß er", sie zeigte auf den Türken, „Ihre Bescheidenheit zu würdigen weiß?" „Ob er es zu würdigen weiß, interessiert mich nicht; ich bin aber Türke, und Sie fahren leider mit einem Türken zusammen." „Sie können doch kein Türke sein." „Warum nicht?" „Nur so." „Ich bin Türke, soll ich Ihnen meinen Paß zeigen?" „Das brauchen Sie nicht, weil Sie kein Türke sind." „Warum sind Sie so sicher?" „Erstens, ja, hmm, erstens, ich weiß nicht, aber, hmm, Sie sind auf alle Fälle kein Türke." „Warum nicht?" „Weil, hmm, weil, wie soll ich sagen, hmm, weil Sie ‚Die Zeit' lesen."

Ich weiß nicht, wieviele „Zeit"-Leser es in Deutschland gibt, einhundert-, zweihundert-, drei-, vier-, fünfhunderttausend oder eine Million. In Deutschland leben 60 Millionen vermeintliche Deutsche. Da nicht alle „Die Zeit" lesen denke ich, daß die Deutschen, die keine „Zeit" lesen, keine Deutschen sind, sondern Türken. Unter meinen deutschen Bekannten und Freunden gibt es also nur wenige Deutsche. Menschenskinder! Ihr habt mich betrogen, belogen, ihr habt mich hereingelegt, ich war so stolz auf euch, weil ihr Deutsche seid. Ich habe in meinem Dorf jedem erzählt, daß ich in Deutschland deutsche Freunde habe, und jetzt weiß ich, daß ihr alle keine Deutschen seid, und um türkische

Freunde zu haben, brauche ich nicht unbedingt nach Deutschland zu fahren, in der Türkei hätte ich genug Freunde.

Brautbeschauer

Ich möchte hier über einen Mann berichten, der nicht nur unter den Türken einmalig ist, sondern auch unter seinen Kollegen. Seine Landsleute, diese rückständigen Türken, die ihre Frauen unterdrücken, ihre Töchter diskriminieren, ihre Söhne verhätscheln und verwöhnen, sie alle kennen Deutsche. Seine Kollegen sind durchschnittliche Menschen, ein bißchen Engagement hier, ein bißchen energisches Auftreten dort. Es gibt auch einige Sozialarbeiter, die durch dieses Engagement ihre eigene Familie vergessen. Nuri Pehlivan ist keiner von denen. Er ist Türke, er ist Sozialarbeiter, aber ein ganz besonderer Mensch. Dieser Text ist keine Lobeshymne auf ihn, sondern eine Würdigung seiner Erziehung, seiner Fürsorge für seine Tochter. Viele Frauenrechtlerinnen schimpfen mit oder ohne Recht auf die türkischen Väter, weil diese ihre Töchter nicht als Menschen ansehen. Aber man soll nicht nur auf das Böse schimpfen, sondern auch das Gute loben, und Nuri Pehlivan hat in seinem Leben viel Gutes geleistet, und das nicht nur in seinem Beruf.

Nuri Pehlivan kam als Arbeiter nach Deutschland. Durch seinen beweglichen Geist und durch seinen Fleiß lernte er die deutsche Sprache schnell. Er wurde Dolmetscher bei der Firma, in der er als kleiner Gastarbeiter angefangen hatte. Dann wechselte er den Beruf, damit er seinen Landsleuten besser helfen konnte. Viele Gastarbeiter, die ihn kann-

ten und die mit ihm damals in der Fabrik gearbeitet hatten, behaupten jetzt, Nuri Pehlivan habe den Beruf nur gewechselt, um ein höheres Ansehen zu gewinnen. Die können behaupten, was sie wollen, der Mund eines Menschen ist kein Sack, den man zubinden kann, wenn einem etwas nicht gefällt. Nuri Pehlivan beweist das Gegenteil, was von ihm behauptet wird: Er ist fleißig, engagiert und gefürchtet – wegen seines Dolmetscherpreises. Daß er viel Geld kassiert, obwohl er als Sozialarbeiter hätte umsonst dolmetschen müssen, ist auch ein Gerücht. Ja, es ist wahr, daß er viel Geld verlangt fürs Dolmetschen oder Übersetzen, aber das ist sein gutes Recht, in seiner Nähe gibt es keinen Türken, der besser deutsch spricht als er.
Seine Bildung ist hervorragend. Er verwechselt zwar manchmal die Namen, aber auf diese Kleinigkeit kommt es ja nicht an. Als er einmal von seiner Tochter Arzu, die damals in die 9. Klasse ging, gefragt wurde, wer das Stück „Wilhelm Tell" geschrieben hätte, antwortete er mit einer Sicherheit, die ihm in Deutschland zu seiner Karriere geholfen hatte: „Ein Schweizer namens Schiller, der der Schwager von Kaiser Goethe war." Ich meine, die Aussage dieses Satzes ist fast perfekt, nur der Schweizer ist nicht ganz richtig, aber Nuri Pehlivan wollte sicherlich damit ausdrücken, daß Onkel Tell ein Schweizer war. Daß dieser Schiller der Schwager von Kaiser Goethe war, weicht natürlich auch von der historischen Wahrheit ab, aber das dürfte in einer industriellen Gesellschaft keine große Rolle spielen, denn in dieser Gesellschaft kommen solche Fehler immer wieder vor.
Nuri Pehlivan ist tolerant wie alle mittelständischen Türken, die durch Anpassung an diese Gesellschaft einen Platz gefunden haben. Er hat nichts dagegen, wenn türkische Mädchen mit deutschen Jungen ausgehen. Mit wem sollen sie denn sonst ausgehen? Die türkischen Jugendlichen ha-

ben keine Ahnung, wie man ein Mädchen ausführt. Sie wollen mit jeder Frau sofort ins Bett. Nuri Pehlivan versucht immer wieder, wenn die um ihre Töchter besorgten Väter zu ihm kommen, diesen klarzumachen, daß es doch nicht so gefährlich sei wie es aussieht.
Seine Toleranz kennt keine Grenzen, sonst hätte er es mit seiner blöden Frau nicht so lange ausgehalten. Sie ist dumm, ungebildet, versteht nichts, schwätzt über alle und alles, ist engstirnig und dickköpfig. Er hat ihr die Zusammenhänge der Welt erklärt, über bestimmte Vorgänge gesprochen, er hat sie gezwungen, die Dinge so zu sehen, wie sie sind, er hat sie ein paar Mal geschlagen, damit sie es besser kapiert, aber an ihrer Engstirnigkeit ist nicht zu rütteln. Heute noch, nachdem die Sache vorbei ist, versteht sie kein Wort davon, schimpft auf ihren Mann, als hätte er dagegen etwas tun können:
Als er feststellte, daß seine Frau mit ihrem beschränkten Wissen seine Tochter nicht erziehen konnte, übernahm er auch diese Aufgabe. Er kümmerte sich um ihre Ausbildung, um ihre Bildung, um ihr Benehmen, um ihre Kochkünste. Hätte er Zeit gehabt, so hätte er ihr auch Stopfen und Stricken beigebracht. Seine Frau ging mit dem Mädchen sehr ungeduldig um, sie schrie Arzu immer wieder an, kritisierte sie wegen jeder Kleinigkeit. Ob sie Arzu geschlagen hat, weiß er nicht, aber in dem Fall hätte er sich von seiner Frau scheiden lassen, weil er bei der Erziehung Gewalt verabscheut. Seine Frau hat immer noch keine Vorstellung davon, wie weh es ihm tat, als er sie hat schlagen müssen. Was ihn bei seiner Frau besonders stört, ist, daß sie immer wieder auf ihre türkischen Nachbarinnen hört und damit die Ruhe zu Hause stört. Er kommt nach Hause mit einem müden Körper, nicht nur einem angestrengten Geist. „Weißt du Nuri, was Ayşe aus Denizli über Arzu erzählt hat?", überfällt sie ihn. Oder: „Wie ich von Nihal Abla aus

Samsun gehört habe, hat sich deine Tochter im Bus wie eine Hure benommen; sie hat im Bus so laut gelacht, daß sich sogar der Busfahrer umgedreht hat." Oder: „Deine Tochter Arzu hat mir gesagt, daß ich dumm bin." Oder ... Er hat die Nase voll von der scheinheiligen Liebenswürdigkeit türkischer Frauen. Da er die Sitten der Deutschen kennt, erklärte er seiner Frau, wie immer geduldig, daß die Deutschen bei der Erziehung ihrer Kinder allein entscheiden, niemandem erlauben, sich in die Angelegenheiten anderer einzumischen: „Wir müssen unsere einzige Tochter allein erziehen, du und ich, meistens ich allein, da dürfen sich die anderen Frauen nicht einmischen."

Da er mit seiner Frau schlechte Erfahrungen gemacht hatte, begann er, seine Tochter allein zu erziehen. Er entschied alles für sie. Man muß ehrlich sagen, daß Nuri Pehlivan nicht einer von den türkischen Vätern ist, die ihre Töchter bis zum 12. Lebensjahr europäisch erziehen, gleichzeitig aber ihre Frauen wie Sklavinnen behandeln. Er hat viel zu oft versucht, seine Frau wie einen gleichberechtigten Partner anzusehen. Die Mühe war umsonst, seine Frau verdiente es nicht.

Ihre Jammerei, wenn Arzu irgendeinen Anruf bekam und am Telefon Deutsch sprach, ging ihm besonders auf die Nerven. Das Argument, sie verstünde nicht, was und mit wem ihre Tochter sprach, regte ihn auf. Denn seine Frau wollte partout nicht Deutsch lernen. Dabei nahm er sich Zeit, ihr Deutsch beizubringen. Als er einsehen mußte, daß sie mit ihrem beschränkten Verstand nicht Deutsch lernen konnte, hat er ihr – ehrlich und aufrichtig wie immer – gesagt, daß sie dumm sei und daß sie nie Deutsch lernen würde. Und er hatte recht gehabt: Sie hat die deutsche Sprache nicht gelernt. Und jetzt will sie wissen, was ihre Tochter am Telefon erzählt! Sie sind doch nicht in der Türkei, sie vergißt, daß die ganze Familie in Deutschland lebt und daß die

Menschen in Deutschland deutsch sprechen müssen. Nicht einmal das hat sie verstanden. Außerdem, warum muß eine Mutter alles wissen, wenn es der Vater schon weiß? Er glaubt, daß seine Frau aus irgend einem Grund eifersüchtig auf ihre eigene Tochter ist. So etwas Unglaubliches. Aber bei seiner Frau muß er mit allem rechnen.

Als Arzu, seine einzige Tochter, sein Liebling, sein Herzstück, ihm den Wunsch mitteilte, einen deutschen Jungen namens Wolf-Dieter zu heiraten, nahm er das gelassen zur Kenntnis. Dann sagte er in einem Ton, den er immer anschlug, wenn er ihre Komplizenschaft teilte: „Sage nichts deiner Mutter davon, sonst wird sie wieder heulen und jammern. Ich werde sie unterrichten . Ich jedenfalls habe nichts dagegen, wenn du einen Deutschen heiratest. Du kennst mich ja."

Er hat es seiner Frau wirklich behutsam beigebracht: „Du hockst zu Hause und machst dir keine Gedanken darüber, daß deine Tochter ins Heiratsalter gekommen ist", sagte er ruhig und geduldig. „Doch", entgegnete sie, „gestern erst habe ich mit Süheyla aus Istanbul darüber gesprochen. Sie ist auch der Meinung, daß Arzu so weit ist. Sie hat sogar einen Studenten aus Izmir für sie, er studiert hier Medizin, er hat Arzu einmal kennengelernt." Diese Antwort regte Nuri auf. Immer waren es andere Leute, die über seine Tochter entschieden, das hatte er noch nie geduldet, das würde er auch in Zukunft nicht dulden. „Deine Tochter möchte einen Deutschen heiraten. Und damit du es weißt, ich habe nichts dagegen!" Daraufhin wurde seine Frau ohnmächtig. Als sie wieder zu sich kam, heulte sie wie eine alte Wölfin, fiel wieder in Ohnmacht. Das wiederholte sich ein paarmal. Da er die schauspielerische Leistung seiner Frau kannte, machte es ihm nichts aus, er blieb standhaft wie ein Mann. Als er den Namen des Deutschen nannte, wurde sie wieder ohnmächtig. Bei ihrem erneuten Erwachen sagte er ihr, daß er nichts dagegen hätte, ja, daß er sich sogar darüber freue – und seine Frau fiel wieder in Ohnmacht. Sie dachte nur an ihre türkischen Freundinnen! Was würden sie erzählen, wenn sie hörten, daß Arzu, die einzige Tochter des Sozialarbeiters Nuri Pehlivan, einen Deutschen heiratete. Das war mehr als eine Schande, die Freundinnen würden nie mehr kommen, sie würde allein leben müssen, ohne eine Freundin oder Bekannte. Diese Geschichten erzählte seine Frau immer wieder, wenn sie wach wurde. Sie war eben von der Art Frauen, die nur an ihre Freundinnen und nie an ihren Ehemann denken.

Sie nahm keine Rücksicht auf ihren Ehemann, der ein bewußter Türke war. Er war nicht wie die anderen Türken, die sich für Türken hielten, weil sie als Türken geboren worden waren. Nuri Pehlivan, Sozialarbeiter, ehemaliger Arbeiter, Sohn eines kleinen Händlers aus Ladik/Samsun, Nuri Pehlivan, der die Mittelschule verlassen mußte, weil die Lehrer seine Anpassungsfähigkeiten nicht erkannt hatten, Nuri Pehlivan, der die Sitten, Gebräuche und Gewohnheiten seiner Landsleute besser kennt als sie selbst, Nuri Pehlivan, der durch seine Tätigkeit Vergleichsmöglichkeiten hat. So ein Mensch konnte nichts dagegen haben, daß seine Tochter einen Deutschen heiratet. Aber alles mußte nach türkischer Sitte zugehen. Arzu sollte den Eltern von Wolf-Dieter bestellen, daß er nichts gegen diese Heirat einzuwenden hätte und daß sie einen Brautbeschauer schicken mögen. Das wäre alles, was er von ihnen verlange. Arzu aber wußte nicht, was ein Brautbeschauer mit ihrer Heirat zu tun haben sollte. Nuri Pehlivan hatte seiner Tochter zwar alles beigebracht, was türkische Sitten betraf, aber das mußte er vergessen haben.

Brautbeschauer sind diejenigen, die das Heiraten vermitteln, so wie Nuri selbst vermittelt – nämlich zwischen Deutschen und Türken, ohne ihn gäbe es keine Völkerver-

ständigung, ohne Brautbeschauer gibt es auch keine Hochzeit. Die Brautbeschauer kennen den Jungen sehr gut, und um das Mädchen kennenzulernen, müssen sie das Mädchen anschauen kommen und sich ein Urteil darüber bilden, ob dieses Mädchen zu dem Jungen paßt. Der Einwand seiner Tochter: „Wir kennen uns ja sehr lange und wir wissen, daß wir sehr gut zueinander passen", galt bei Nuri nicht, weil junge Menschen nicht wissen können, ob sie nach dreißig Jahren immer noch miteinander gut auskommen, aber die älteren Menschen können das durch ihre Erfahrung herausbekommen. Arzu sollte es den Eltern von Wolf-Dieter ausrichten, und da sie auch erwachsene Menschen seien, wüßten sie bestimmt, was Brautbeschauer sind.
Herr und Frau Grünberger aber hatten auch keine Vorstellung davon, was Brautbeschauer sind, und so mußten sie erst im Lexikon nachsehen, wie alle normalen Deutschen, die ihre Kenntnisse über Gott und die Welt entweder vom Fernsehen oder aus dem Lexikon haben. Familie Grünberger war eine gebildete deutsche Familie, und sie besaß 25 Bände von Meyers Enzyklopädie, schlug sie an entsprechender Stelle auf, fand aber nichts. Herr Grünberger fragte am nächsten Tag seinen türkischen Kollegen, der mit einer deutschen Frau verheiratet war, und der wußte es auch nicht. Dann rief Herr Grünberger das türkische Konsulat an, und der Beamte gab eine staatstragende Meinung zum besten: „Die Türkei ist ein modernes Land, in dem jeder jeden ohne Vorbedingungen heiraten darf, in dem solche primitiven Gewohnheiten abgeschafft worden sind."
Herr Grünberger wollte mit Nuri Pehlivan alles am Telefon besprechen, aber Nuri wollte natürlich nichts mit einem wildfremden Menschen zu tun haben. Er legte den Hörer einfach auf. Ihm tat es weh, daß ein Deutscher ihn über die türkischen Sitten aufklären wollte. Wer weiß über die Türkei besser Bescheid, er oder ich, fragte er sich. Und seiner

Tochter gab er die Anweisung, mit diesem Wolf-Dieter oder wie er heißen mochte, ernsthaft zu reden, denn er, der Vater Arzus, konnte so etwas nur ein einziges Mal dulden, beim zweiten Mal würde er ungemütlich und unhöflich werden, und er, Wolf-Dieter, könnte sich dann darauf verlassen, daß aus den Heiratsplänen nichts wird. Wo kämen wir denn hin, wenn jeder Deutsche uns beibringen wollte, was wir als Türke zu tun haben. Herr Grünberger war nun gezwungen, im Betrieb mit einem Gastarbeiter über die Angelegenheit zu reden. Der Arbeiter, ein Türke, kannte das Wort „Brautbeschauer" auch nicht und schaute in seinem kleinen Wörterbuch nach, fand nichts, fragte einen Bekannten und sagte am nächsten Tag mit ernstem Gesicht: „Brautbeschauer muß, sonst nichts."

Herr und Frau Grünberger kamen an dem Mittwochabend, an dem ein Fußballpokalspiel übertragen wurde. Er mit einer Flasche in der Hand, Marke Trollinger, die Nuri überhaupt nicht mochte, er trank meistens Moselwein, und Frau Grünberger brachte einen Blumenstrauß mit.

Nachdem sie sich vorgestellt und Platz genommen hatten, sprach Frau Grünberger sofort das Thema Hochzeit an. Nuri konnte es nicht leiden, wenn eine Frau als Familienoberhaupt auftrat. Er hatte nichts dagegen, daß Frauen in der Gesellschaft reden und sich mit Männern unterhalten, aber so ein wichtiges Thema mußte von einem Mann behandelt werden. Und noch etwas: Zunächst sollte man sich über verschiedene Dinge unterhalten, ehe man über die Ehe der Kinder redete. Man mußte sich gegenseitig erzählen, wie man selbst geheiratet hatte, welch schwierige Sitten damals geherrscht hatten und wie das Wetter morgen sein würde. Nuri schaute immer wieder auf die Uhr. Fußball mochte er unwahrscheinlich gern und wegen der Deutschen wollte er die Übertragung nicht verpassen. Diese Gedankenlosigkeit von Herrn Grünberg tat ihm weh, die

deutsche Mannschaft spielte in einem sehr wichtigen Pokalspiel, und ein Deutscher beschäftigte sich mit diesen Nebensächlichkeiten! Die Kinder konnten auch morgen heiraten, aber Fußball wurde nur heute übertragen. Er gab eine sehr rasche Antwort: „Ich muß es mir überlegen, so schnell darf es nicht gehen, auf Wiedersehen."
Er sprach mit seiner Tochter darüber, daß die Deutschen langsam lernen müßten, wie sie mit einer gebildeten türkischen Familie umzugehen hätten, erst dann würde er sein Jawort geben. Dabei zeigte er auf das Etikett der Flasche: Sowas bringen nur die Deutschen mit.
Beim zweiten Besuch wurde dann mehr gesprochen. Es wurde weder Fußball noch Dalli-Dalli im Fernsehen gezeigt, was Nuri hätte versäumen können. Nuri Pehlivan und seine einzige Tochter Arzu saßen gemütlich auf ihren Stammplätzen. Frau Pehlivan bediente die Gäste. Nuri war heute ausnahmsweise stolz auf seine Frau, so eine Frau haben nur die Türken. Sie servierte das Essen, dann den Kaffee und dann wieder Kaffee, später spülte sie das Geschirr, brachte anschließend Obst und dann wieder Kaffee. Eine Frau hat keine Minute Ruhe, wenn ein Gast kommt, und seine Frau war eine türkische Frau. Ihr würde die viele Arbeit nichts ausmachen, erwiderte er auf die Frage Frau Grünbergers, ob sich Frau Pehlivan nicht zu ihnen setzen könnte, erstens verstünde sie kein Deutsch, zweitens sei sie ja dazu da, die Gäste zu bedienen.
Vater Pehlivan forderte im Laufe des Gesprächs alle Deutschen auf, die türkischen Sitten so zu akzeptieren, wie sie sind. Die Türken hätten nichts gegen die deutschen Sitten, die ihnen manchmal unverständlich wären, und die Deutschen sollten das gleiche tun. Er selbst habe nichts gegen die Heiratspläne der beiden jungen Menschen. Warum sollte Arzu nicht einen Deutschen heiraten? Wir lebten im 20. Jahrhundert, in dem keine Rassenunterschiede mehr be-

stünden. Er sei nicht einer von diesen Türken, die ihren Töchtern alles verbieten, was ihnen Spaß macht. Als Frau Grünberger erneut fragte, warum Frau Pehlivan keine Pause mache, antwortete er gelassen: „Einer muß ja bedienen." Die Antwort war sonnenklar, aber die deutsche Frau verstand sie nicht, wie immer, wenn türkische Männer auf Fragen deutscher Frauen antworten. Ob die Mutter von Arzu den Grund des Besuchs der Familie Grünberger kenne, wollte Frau Grünberger weiter wissen. Nuri verstand nicht, warum Frau Grünberger wissen wollte, ob seine Frau alles wußte. „Natürlich weiß meine Frau Bescheid! Ich bin nicht einer von denen, die ihrer Frau alles verheimlichen, meine Frau wird ständig über meine Entscheidungen unterrichtet, von mir persönlich und ohne Zeitverlust." „Wenn ihre Frau mit ihrer Entscheidung nicht einverstanden ist?" bohrte Frau Grünberger weiter. „Dann hat sie Pech gehabt. Ich entscheide immer richtig, ich bin als Sozialberater daran gewöhnt, Entscheidungen zu treffen, nicht aber meine Frau. Wissen sie, liebe Frau Grünberger, wenn eine Frau 18, 20 Jahre lang von ihrem Vater, von ihrem Bruder, von der Gesellschaft unterdrückt wird, dann können sie von mir nicht erwarten, daß ich die Entscheidungen meiner Frau überlasse. Eine Frau hat keine Erziehung zum objektiven Denken genossen. Das ist leider so, und das muß von ihnen akzeptiert werden. Denken sie nur nicht, daß es eine leichte Aufgabe ist, Entscheidungen allein zu treffen. Aber ich trage es mit Gelassenheit, sie ist schließlich die Mutter meiner einzigen Tochter."
Er bat die Deutschen noch einmal um Bedenkzeit. Seine Tochter dürfe zwar heiraten wann und wen sie wolle, aber sie müßten das in der Familie gründlich beraten. Nachdem die Deutschen gegangen waren, sprach er mit seiner Tochter, wie immer unter vier Augen: daß Herr Grünberger Arzu direkt ansprach, obwohl Arzu noch nicht seine Schwie-

gertochter sei. Zwischen Schwiegervater und Schwiegertochter müsse aber ein bestimmter Abstand sein. Wenn Herr Grünberger sie heute schon duze, wie würde das morgen sein? Er solle sie achten lernen, und sie, Arzu, dürfe ihm auch nicht nähertreten. Daß es nicht richtig sei, daß Familie Grünberger als Brautbeschauer selbst fungiere, aber Nuri Pehlivan kenne ja die Deutschen, und er wisse, daß sie außer sich selbst niemanden haben. Wenn sie Türken wären, so hätten sie einen Nachbarn geschickt oder mehrere Nachbarn. In Deutschland sei das nicht möglich. Er verlange von der Familie Grünberger ja nicht, daß sie für Arzu das Unmögliche möglich machen. Wenn er dolmetscht, verlangt er auch keinen Preis, der ihm unmöglich vorkommt. Nein, nein, man muß die Verhältnisse seines Gegners kennen.

Als ihm seine Tochter widersprach, daß er den Esel immer auf die Berge führe, anstatt ihm das Tal zu zeigen, entgegnete er: „Ich bitte dich, wenn ich gegen diese Heirat wäre, hätte ich dir klipp und klar gesagt: Meine liebe Tochter, das geht leider nicht aus diesem oder jenem Grund."

Nach dem dritten Besuch bewegte sich Frau Grünberger in der Wohnung Nuri Pehlivan so, als sei es ihre eigene . Er überlegte sich, wie Frau Grünberger sich verhalten würde, wenn die beiden Familien erst einmal miteinander verwandt wären. Das war wirklich ein bißchen zuviel. Sie ging in die Küche, machte sich Kaffee, redete mit Frau Pehlivan, ja, sie hetzte diese auf ihren Mann, kurz gesagt, sie verdarb das ganze Glück. So machte es zwar fast jede türkische Frau, aber Frau Grünberger war keine türkische Frau, sie war eine Deutsche, und sie mußte auch deutsch bleiben. Wenn die zukünftige Schwiegertochter ihren zukünftigen Schwiegereltern Tee einschenkte, mußte sie dabei kontrolliert werden. Frau Grünberger wollte den Tee immer selbst einschenken, und noch schlimmer, sie machte den Tee sogar selbst. Das war eine Mißachtung der türkischen Sitten, und Frau Pehlivan erlaubte ihr das auch noch. Seine Frau hatte keine Ahnung, aber wenn er ihr das sagte, wurde sie rebellisch. „Ich mag Frau Grünberger, sie bringt mir einiges bei, was ich bei dir nie gelernt hätte." Natürlich kann ein Mann einer Frau nicht so viel beibringen, wie eine Frau der anderen. Nicht einmal das wußte seine Frau, und diese Dummheit regte ihn auf.

Frau Grünberger lernte türkisch, damit sie sich mit Frau Pehlivan unterhalten konnte. Zu Hause kochte sie türkisch. Natürlich schmeckte ihr türkisches Essen nicht so gut, aber immerhin war der Anfang gemacht. Nuri gefiel das nicht, weil jeder auf seinem Teppich bleiben sollte.

Herrn Grünberger faszinierte die Männlichkeit, die Nuri an den Tag legte, wie er seine Frau behandelte, wie er ihre Sorgen als seine Sorgen ansah und sich darüber Gedanken machte, wie diese Sorgen beseitigt werden könnten. Dadurch wird das familiäre Leben vereinfacht und das Glück der Ehe erhöht, sagte Nuri stolz. Die beiden Männer diskutierten darüber, ob die Mentalität der Türken besser sei als die der Deutschen. Nuri Pehlivan gab Beispiele, daß es nicht darauf ankomme, wie frei die Frau äußerlich, sondern wie frei sie innerlich sei. Ja, das sei wichtig, und die deutschen Frauen seien innerlich unfrei, weil sie an familiären Entscheidungen teilnehmen müßten. Das raube ihnen die Zeit, die sie für sich, nur für sich verwenden könnten. Frauen müsse man jede anstrengende Arbeit abnehmen, damit sie für den Mann frei blieben. Herr Grünberger bejahte nicht alles, was der Sozialarbeiter Nuri vor ihm ausbreitete, aber die Ideen fand er nicht undiskutabel.

Frau Pehlivan wurde allmählich immer dümmer und frecher. Sie wollte allein zum Einkaufen gehen. Wenn sie das gekonnt hätte, dann hätte Nuri auch nichts dagegen gehabt. Einmal hatte sie sogar ihre Geldbörse zu Hause vergessen, beim zweiten Mal kaufte sie ein Frauenhemd statt ein Männerhemd. Sie glaubte, es sei leicht, solche Dinge zu erledigen. Und dann wollte sie mit ihrer Tochter über Frauenprobleme reden. Dabei brachte sie alles durcheinander, erzählte alles falsch, aber Gott sei Dank nahm Arzu nicht alles ernst, was ihre Mutter erzählte. Daß ein Mädchen ihre Probleme nicht mit Männern, sondern mit Frauen besprechen soll ... Das Mädchen war nicht daran gewöhnt, mit ihrer Mutter allein zu reden, und auch Nuri konnte man nicht zumuten, mit dieser Mutter zu sprechen.

Niemand sollte Nuri vorwerfen, daß er einen hinterlistigen Plan entwickelt hätte, damit seine einzige Tochter bei ihm bleibt. Nein, das sollte man wirklich nicht. Er war nie eifersüchtig. Nur einmal, als seine Tochter vor Jahren Alain Delon im Fernsehen sah und bemerkte: „Papi, der ist aber hübsch“ , hat ihm das weh getan, weil Nuri sich auch für einen hübschen Mann hielt, und das hatte sie nie bemerkt. Er wollte, wie alle normalen Väter – und er war besonders normal, nachdem er Sozialarbeiter geworden war –, daß seine Tochter heiratet und ihm Enkelkinder schenkt. Aber wenn die Deutschen sich so ungeschickt anstellten, würde sein Wunsch nie in Erfüllung gehen. Warum kam Wolf-Dieter beim letzten Mal mit seinen Eltern zu Nuri? Wußte dieser Idiot nicht, daß Arzu immer noch nicht seine Frau war? Warum brachte ihm kein vernünftiger Mensch bei, daß sich das nicht schickt, wenn der zukünftige Schwiegersohn bei seinen zukünftigen Schwiegereltern ein und aus geht? Dieser Bengel saß in seiner Anwesenheit mit übereinandergeschlagenen Beinen, paffte wie ein Schlot und blickte auf unverschämte Weise in Arzus Augen. Wenn Nuri sich das alles gefallen ließe, dann nur aus Liebe zu seiner Tochter. Arzu, seine brave Tochter, behauptete nun, daß Wolf-Dieters Verhalten keine Mißachtung wäre. Ach, seine liebe Tochter

wurde auch immer frecher und unverschämter. Arzu hatte keine Ahnung, wie es in einer anständigen türkischen Familie zugeht.
Daß sich Arzu immer noch heimlich mit Wolf-Dieter traf, wußte er. Seine Frau sicherlich auch. Aber seine Frau kümmerte sich nur um sich selbst. Sie lernte von Frau Grünberger alles, was man nicht gerade als anständig bezeichnen kann. Zum ersten Mal seit fünf Jahren schlug er seine Frau, weil sie am Abend mit Frau Grünberger zum Essen gehen wollte. Zum Abendessen. Jawohl. Allein zum Abendessen. Sie bestand darauf, sie schrie sogar hysterisch, daß es ihr Recht sei. Er war immer gegen Gewalt, aber was soll ein anständiger Mann tun, wenn seine Frau von den Sitten abweicht. Nein, er würde ihr nie erlauben, allein zum Essen zu gehen.
Trotz allem gedieh die Sache so weit, daß Nuri Familie Grünberger versprach, Tanten und Onkel Arzus zu fragen, ob sie mit der Heirat einverstanden seien – und es ist ein gewaltiger Schritt, wenn ein türkischer Vater den Brautbeschauern so etwas verspricht. Frau Grünberger, diese saudumme Frau, widersprach dem mit der Begründung, daß Arzus Heirat die Tanten und Onkel nichts anginge. Bei den Deutschen mochte das zutreffen, ja, aber Nuri war ein Türke, der wußte, was er tat. Nuri fuhr sie dann auch an: „Sie können mit ihrem Sohn umgehen, wie sie wollen, aber ich behandle meine Tochter so, wie es mir mein Gewissen vorschreibt. Daß ihr Deutschen nur für euch selbst lebt, weiß jede Sau, wir aber leben füreinander. Ich bin menschenfreundlich, darum mag ich meine Verwandten, und die Tanten und Onkel mögen meine Tochter nicht weniger als ich."
Die engsten Verwandten Arzus lebten nun aber fast überall auf der Welt. Sie hatten die Türkei verlassen wie die Bienen ihren Korb, in den ein Stock gesetzt worden ist. Zwei Tanten und ein Onkel lebten in Holland, ein Onkel in Frank-

reich, eine Tante in Belgien, ein Onkel, der Arzu am liebsten hatte, in Australien, und eine Tante in Österreich. Nuri erzählte Arzu besonders viel vom Onkel in Australien, der seinen Bruder abgöttisch liebte, und da er ledig war, er hatte einmal erwähnt, daß er sein ganzes Hab und Gut Arzu hinterlassen werde. Alle Verwandten wurden angeschrieben und – falls sie wollten – zur Hochzeit eingeladen. Die Fotos des Bräutigams waren nun in allen Ecken der Welt zu sehen. Er wurde bewundert. Alle, außer dem Onkel in Australien schrieben , ganz groß „JA“ in ihren Briefen. Es dauerte allerdings über ein Jahr, bis alle Antworten zusammen waren. In diesem Jahr wurde Wolf-Dieter beschnitten. Seine Familie überlegte zum ersten Mal, ob sie zum Islam übertreten solle. Nuri zwang sie wirklich nicht, er war ein Demokrat, sonst hätte er nicht bei der AWO gearbeitet, er war gegen diese scheußlichen Rassen- und Religionsunterschiede. Es war jedoch gut, daß sich Wolf-Dieter beschneiden ließ. Also ein Schwiegersohn mit unbeschnittenem ... Nein, nein, das wäre wirklich zu weit gegangen.
Mit Hilfe eines Bekannten von Herrn Grünberger wechselte Nuri seine Stellung. Und er, der Kumpanei immer verabscheut hatte, wurde irgendwo Vizechef. Er entschied jetzt darüber, ob ein Türke bei der AWO eine Stellung bekam oder nicht. Er wäre Obersozialarbeiter geworden, wenn er gewollt hätte. So viel Verantwortung wollte er aber nicht haben, nicht weil er Angst hatte, nein, um Gottes Willen, nein, aber er wollte für seine Tochter mehr Zeit haben, und beim Übersetzen konnte er sonst nicht so viel kassieren.
Die Eltern Wolf-Dieters veränderten sich auch ohne Hilfe von Nuri Pehlivan. Man kann nicht sagen, daß sie Türken geworden wären, aber sie waren auch keine Deutschen mehr, das konnte man bei ihnen deutlich feststellen. Sie wurden wegen ihres Benehmens von den deutschen Nachbarn gemieden, von den Türken aber noch nicht akzeptiert,

weil sie doch keine richtigen Türken waren und weil Wolf-Dieter Arzu immer noch nicht bekommen hatte. Herr Grünberger, der früher geduldig seiner Frau zuhörte, konnte ihr Geschwätz nicht länger ertragen, mit Recht, seine Frau mischte sich überall ein, sie beriet jeden über alles, wollte den türkischen Frauen Deutschunterricht geben, was Herr Grünberger glücklicherweise verhindern konnte. Was ging sie das an, ob türkische Frauen Deutsch lernen oder nicht. Sie sollte lieber zu Hause bleiben und sich um ihren Mann kümmern, nicht um andere Frauen. Frau Grünberger dagegen ärgerte es, wenn ihr Mann mit Schuhen das Wohnzimmer betrat. Ein sauberer Mensch wüßte, wie man sich zu Hause verhalte. Wenn er sie um ihre Meinung fragte, meinte sie nur noch, daß schließlich er der Mann sei und nicht sie, er hätte gefälligst zu entscheiden, was zu tun sei. Frau Grünberger leuchtete es allerdings ein, was ihr Mann eines Tages bemerkte: „Du gibst so viel Geld aus für Kosmetik. Ich habe dich auch so lieb, hör auf mit dem Zeug, sonst ..."

Trotz mehrmaligen Schreibens an den Onkel in Australien kam keine Antwort von ihm. Ohne seine Zustimmung konnte und durfte Nuri sein Jawort nicht geben. Wenn er wenigstens erfahren hätte, daß der nicht mehr am Leben war, dann wäre die Sache leichter gewesen. Diese Ungewißheit brachte Familie Pehlivan genauso in Verlegenheit wie Familie Grünberger. Nuri war keiner von denen, die, kaum daß sie eine höhere Stellung bekleiden, die engsten Verwandten vergessen. Nein, er war auf dem Teppich geblieben, ein richtiger Türke mit offener Weltanschauung und treu. Nuri bat die türkische Botschaft in Australien um Hilfe. Nach eineinhalb Jahren bekam er endlich einen Brief, in dem ihm mitgeteilt wurde, daß sein Bruder verschollen wäre und ihm daher nicht mehr geholfen werden könnte. Was sollte Nuri jetzt tun? Sein Bruder war nicht tot, er war nur verschollen. Wenn Nuri nun sein Ja-Wort gegeben hätte, dann hätte es passieren können, daß der Onkel plötzlich auftauchte und gegen die Heirat wäre. Wenn er nun aber nein gesagt hätte, dann wäre vielleicht das Umgekehrte der Fall gewesen.

Die Familie Grünberger war in der Zwischenzeit in die Türkei gereist. Sie sahen sich überall um, lernten Türken in der Türkei kennen und wurden so mit der türkischen Mentalität vertrauter. Die türkische Sprache beherrschten sie gut, sie verstanden sogar die Witze unterhalb der Gürtellinie. Besonders gut gefiel Herrn Grünberger die Bescheidenheit der türkischen Frauen gegenüber ihren Männern. Was für ein herrliches Gefühl, angebetet zu werden. Natürlich wurde es so einfacher, der Frau gegenüber großzügig zu sein. Die Frau in Deutschland dagegen nahm sich alles selbst, in der Türkei wurde es ihr vom Manne geschenkt. Diese Haltung gab jedem Mann noch mehr männliche Kraft, wodurch sich seine Potenz erhöhte. Daher war es logisch, daß der türkische Mann potenter als der deutsche war. Die Würde der türkischen Frau stieg in den Augen des türkischen Mannes durch ihre Haltung. Der Mann tat alles für seine Frau, sogar Mord und Totschlag hätte man für eine solche Frau begangen. Als Herr Grünberger an einem Freitag in die Moschee ging, stellte er fest, daß unter den türkischen Männern die gleiche demütige Haltung vor Allah eingenommen wurde. Und daß jeder türkische Mann mit seiner Frau eine glückliche Ehe führt, und warum das so war, das begriff er in eben dieser Moschee. Allah war fast mit jedem Mohammedaner zufrieden, solange er vor Allah demütig war. Der türkische Mann war für die türkische Frau unerreichbar, heilig, ja, allmächtig. Er entschied über ihr Schicksal, er zeigte ihr den richtigen Weg, er ernährte sie und war für die Geburt seiner Nachkommen verantwortlich. Das Glück der türkischen Frau war dadurch vollkommen. So

wurde Herr Grünberger Mohammedaner, und er sagte zu seiner Frau: „Es tut mir leid, aber wenn du nicht auch übertrittst, dann kann ich nicht länger mit dir zusammenleben.“
Sie konvertierte.

Das hatte Nuri wirklich nicht beabsichtigt. Er mochte die Menschen, wie sie waren, er mochte nur die Kurden und die Griechen nicht, er mochte auch keine Armenier, sonst waren alle Menschen für ihn gleich. Er behandelte jeden Türken gleich, er kassierte von jedem den gleichen Preis, ohne nach seiner Herkunft zu fragen. Nuri Pehlivan arbeitete bei der AWO, und die AWO verlangte von ihren Mitarbeitern, daß sie die Menschen gleich behandeln. Das tat Nuri mit gutem Gewissen.

Die Konvertierung wurde groß gefeiert, mit türkischer Folklore, Saz und ohne Alkohol; Nuri, als toleranter Mensch, hätte nichts dagegen gehabt, wenn ein bißchen Raki dabei gewesen wäre. Aber Familie Grünberger wollte so etwas nicht zulassen. Das war auch ein Beweis dafür, daß diese Familie einmal deutsch gewesen war. Denn wenn die Deutschen etwas tun, dann mit allen Konsequenzen. Nuri, der eine Rede hielt, wuchs über sich hinaus, er wurde mitgefeiert. Nuri, der einmalige demokratische, konservative und auch ein bißchen rechtsradikale Sozialberater der AWO, Nuri, der von seinen Kollegen, den türkischen Sozialarbeitern, nicht gemocht wurde, bewies, was Türkentum war. Durch engagierte und geduldige Arbeit zeigte er all den angeblichen Sozialarbeitern, was dieser Beruf in Wirklichkeit war.

Nuri ging davon aus, daß es nun keine Hindernisse mehr gab, seine Tochter zu verheiraten. Der ehemalige Wolf-Dieter, jetzige Vedat Demir und seine Familie wollten an einem Samstag kommen. Der Vater schlug den Heiligen Freitagabend vor, den Abend von Donnerstag auf Freitag. Sie kamen mit einem Hodscha, der von Nuri bestellt war, damit er das

Gotteswort sprechen sollte und die junge Ehe auf einer gesunden Basis gegründet würde. Arzu saß dabei, die Mütter waren in der Küche, um die Männer zu bewirten. Es wurde über alles geredet, auch über Ausländerfeindlichkeit, und am Ende des Abends sprach der Vater des ehemaligen Wolf-Dieter: „Lieber Nuri, ich möchte dich jetzt bitten, daß du deine Tochter in ihr Zimmer schickst. Das, was ich dir zu sagen habe, möchte ich nicht in ihrer Anwesenheit aussprechen."
Arzu ging widerstrebend hinaus. Er fuhr fort: „Ich danke dir, Nuri, für das, was du für uns getan hast. Ich wollte immer deine Tochter für meinen Sohn, im Namen Allahs, mit Genehmigung Mohammeds und mit der Unterstützung der Heiligen. Ich habe jetzt nur eine einzige Frage: Ist deine Tochter noch Jungfrau?"
Nuri stand da wie ein abgestorbener Baum. Er atmete nicht. Er konnte sich nicht bewegen und schaute auf einen bestimmten Punkt an der Wand. Er öffnete seinen Mund, doch ehe er etwas sagen konnte, sprach der ehemalige Herr Grünberger weiter: „Deine Tochter raucht vor ihrem Vater, wobei ich sagen muß, daß ich bei einer Frau nichts gegen das Rauchen habe, aber sehr wohl in Gegenwart ihres Vaters. Du siehst ja selbst, sie trägt eine viel zu enge Hose, schminkt sich immer. Wenn sie das nur für Vedat tun würde, aber nein, sie geht auch so geschminkt in die Stadt! Ich gehe darum davon aus, daß deine Tochter keine Jungrau mehr ist. Ich möchte ihr die Antwort auf die Frage ersparen und erkläre hiermit, daß wir auf die Eheschließung verzichtet haben."

Ehegattenzusammenführung oder: Wie finde ich eine Frau?

Im Ausländeramt. Einige warten vor der Tür. Ein junger Ausländer klopft an die Tür.

Beamter (auffällig höflich): „Herein." (Der junge Ausländer tritt herein.) „Ja, bitte."

Ausländer (ängstlich): „Entschuldigen Sie bit..."

Beamter: „Was wollen Sie?"

Ausländer: „Ich ... ich ..."

Beamter: „Fühlen Sie sich wie zu Hause. Sie können mir ruhig sagen, was Sie wollen. Dafür bin ich ja da."

Ausländer: „Ich wollte Sie fragen, ob ich heiraten darf?"

Beamter: „Was wollen Sie fragen? Ob Sie heiraten dürfen?" (Zu den Zuschauern: „So etwas ist mir noch nie passiert. Daß die Ausländer viele absonderliche Wünsche haben, erlebe ich ja jeden Tag. Aber sowas?") „Warum fragen Sie mich das? Sie befinden sich auf dem Ausländeramt, nicht auf dem Standesamt!"

Ausländer: „Das neue Ausländergesetz ..."

Beamter: „Was ist mit dem neuen Gesetz?" (Er murmelt vor sich hin: „Das neue Gesetz ist zwar noch nicht verabschiedet, aber wie ich gehört habe, wird es schon praktiziert. Ich bin nicht einer von diesen Kollegen.")

Ausländer: „Nach dem neuen Gesetz darf ich meine Frau nicht nach Deutschland mitbringen."

Beamter: „Das denken Sie! Sie haben recht, wenn Sie nicht aus einem EG-Land kommen, dürfen Sie Ihre Ehefrau nicht nach Deutschland mitbringen, es sei denn, Sie sind schon acht Jahre hier und die Ehe besteht seit drei Jahren."

Ausländer (lächelt, aber immer noch ängstlich, er fühlt sich von dem Beamten verstanden.) „Das meine ich. Deshalb dachte ich mir, ehe ich dieses Mädchen, das ich im letzten Urlaub in der Türkei kennengelernt habe, heirate, fragst du das Ausländeramt."

Beamter: „Warum strengen Sie sich an zu denken? Dafür bin ich doch da. Denken verursacht Kopfschmerzen. Wenn Sie die Kopfschmerzen haben, können Sie nicht richtig arbeiten. Wenn Sie nicht richtig arbeiten können, wird Ihre Anwesenheit in der Bundesrepublik überflüssig." (Das sagt er immer noch in höflichem, ja väterlichen Ton.) „Wie alt sind Sie?"

Ausländer: „Ich bin über zwanzig, fast einundzwanzig."

Beamter: „Erst zwanzig! Und Sie wollen schon? Ich an Ihrer Stelle würde nicht so früh heiraten. Wissen Sie warum?" (Der Ausländer schüttelt verneinend den Kopf.) „Sie müssen erst Ihre Zukunft absichern, z.B. erst einmal eine Aufenthaltsberechtigung bekommen. Einen Beruf haben Sie auch nicht. Sie sollten einen Beruf erlernen, dann können Sie heiraten."

Ausländer: „Einen Beruf will ich schon lange erlernen, aber nach der Schule habe ich keine Lehrstelle gefunden."

Beamter: „Wer sucht, der findet. Wenn Ihr alle einen Beruf erlernt hättet, hätten wir es als Ausländeramt auch leichter. Ihr wollt nicht mit uns kooperieren. Sie kommen aus keinem EG-Land und somit dürfen Sie Ihre Frau nicht hierherbringen."

Ausländer: „Warum nicht? Ich spreche gut Deutsch, eine

Arbeitsstelle habe ich auch, und eine Wohnung kann ich finden."

Beamter (langsam, aber höflich): „Junger Mann, jetzt hören Sie mir mal ganz genau zu: Ihre Arbeitsstelle ist nicht hundertprozentig sicher. Ihre deutsche Sprache ist voll grammatikalischer Fehler, aber all das ist nicht ausschlaggebend. Ich möchte Ihnen helfen, aber ich bin schließlich Beamter. Die Bundesregierung hat beschlossen, daß ein Ausländer aus einem Nicht-EG-Land seine Frau nicht hierher bringen darf."

Ausländer: „Aber das ist ein Verstoß gegen die Menschenrechte!"

Beamter: „Da mögen Sie recht haben. Sie müssen aber zugeben, daß es kein Verstoß gegen das Ausländerrecht ist. Sie als Gastarbeiter sehen die Dinge einseitig. Ich bin ein Freund aller Gastarbeiter in dieser Stadt, sonst wäre ich ja nicht der Chef dieses Amtes geworden. Nichtsdestotrotz lassen Sie mich sagen, daß wir in Deutschland über 900.000 ausländische Jugendliche haben, und wenn alle in ihren Heimatländern heiraten wollen, was glücklicherweise nicht der Fall ist, dann, ja ... rechnen sie mal ..."

Ausländer: „Diese 900.000 können ja nicht alle an einem einzigen Tag heiraten und ihre Frauen nach Deutschland bringen."

Beamter: „Zwingen Sie mich bitte nicht, sagen zu müssen, daß die Gastarbeiter geistig beschränkt sind! Nein, so etwas habe ich bisher nicht gesagt, und ich werde mich weiterhin hüten, so etwas zu behaupten, aber denken Sie daran, welche Arbeitsmöglichkeiten für Sie noch vorhanden sein werden, wenn wieder so viele Gastarbeiter aus verschiedenen Ländern nach Deutschland kommen sollten. Der Gesetzgeber denkt an die hiesigen Gastarbeiter ..."

Ausländer: (Er spricht leise in seiner Muttersprache.)

Beamter: „Warum wollen Sie unbedingt in Ihrem Heimatland heiraten?“

Ausländer: „Weil ich das Mädchen liebe, das ich in der Türkei kennengelernt habe.“

Beamter: „Wissen Sie was? Die Gastarbeiter haben immer noch nicht gelernt, warum man heiratet. Man heiratet in diesem Jahrhundert nicht aus Liebe, sondern wegen Steuervorteilen. Diese Vorteile bekommen Sie genauso, wenn Sie hier eine Frau heiraten. Heiraten Sie doch hier, ich werde Ihnen dabei helfen.“

Ausländer: „Ich kenne aber kein Mädchen hier, das ich heiraten kann.“

Beamter: „Wozu wäre ich denn da, wenn ich Ihnen nicht helfen könnte. Das ist kein Problem.“ (Er ruft eine Sachbearbeiterin, sie bringt viele Akten, stellt sie stapelweise auf seinen Tisch. Er nimmt die erste Akte in die Hand.) „Sie haben noch keine Frau gefunden? Richtig! Also, da haben wir was für Sie. Sie wohnt in der Brahmsstraße 17, Dolores Marquez.“

Ausländer: „Sie ist aber Spanierin, ich bin Türke. Ich kann kein Spanisch!“

Beamter: „Und? Macht das etwas aus? Wie ich der Akte entnehmen kann, ging sie in Deutschland in die Schule, sie muß perfekt deutsch sprechen. Sie sprechen auch nicht schlecht deutsch; wenn ihr beide Kinder habt, sprechen auch die Kinder deutsch. Unser Innenminister wünscht sich so eine Integration, und Sie wollen ihm bei seiner Mühe nicht helfen?“

Ausländer: „Es wäre mir eine große Ehre und Freude, wenn ich dem Bundesinnenminister dabei helfen könnte, aber ...“

Beamter: „So sind sie also. Sie denken nur an ihren Eigennutz. Nur an sich denken, nie an die Gemeinschaft. Sie wollen also partout eine Türkin?“

Ausländer: (Schaut den freundlichen Beamten dumm an, ohne daß er verstanden hat, was der Beamte meint.)

Beamter: (Er kontrolliert jede Akte nach der Nationalität, bis er eine türkische gefunden hat.) „Hier haben wir ja eine Türkin! Einen Beruf hat sie auch, letzte Woche hatte sie Geburtstag, 20. Müzeyyen." (Den Namen spricht er radebrechend aus.) Sie wohnt in der Frauenstraße."

Ausländer: „Ich kenne sie zufällig, sie ist verheiratet mit einem Türken, der immer noch in der Türkei ist, der darf nicht hierher, sie ..."

Beamter (Unterbricht ihn, mit barscher Stimme): „Was sagen Sie da? Sie ist verheiratet, und das weiß ich nicht? Wissen Sie, was das ist ? Das ist Amtsbetrug! Ich werde sie anzeigen! Oder lieber gleich zu ihrem Mann schikken! Heiraten, aber nicht melden ... Mit mir wollen sie Katz und Maus spielen, hm ... aber ..."

Ausländer: „Entschuldigen Sie bitte, es dürfte an sich nichts ausmachen, ob sie verheiratet ist oder nicht, solange ihr Mann in der Türkei ist, noch hat sie ja keine Steuervorteile."

Beamter: „Sie können sich alles erlauben, sie können vom Arbeitslosengeld leben, weil sie nicht arbeiten wollen, sie können krank werden, ohne krank zu sein, aber wenn ein Gastarbeiter seiner Meldepflicht nicht nachkommt, dann ..." (Er schreibt den Namen des Mädchens auf einen Zettel.) „Wie Sie selbst sehen, habe ich keine Vorurteile, ich möchte jedem Gastarbeiter helfen, ich werde ja dafür bezahlt, aber solche Gastarbeiter machen den Ruf der Gastarbeiter kaputt. Was halten Sie von diesem Mädchen? Sie ist seit vier Jahren in Deutschland, sie ist bestimmt noch nicht verdorben, sie wohnt in der Neuen Straße. Wie sie heißt? Hatice." (Spricht den Namen wieder radebrechend aus).

Ausländer: „Sie ist verlobt mit einem anderen Türken, der hier lebt."

Beamter: „Schauen Sie, es gibt doch noch kluge Türken. Die beiden werden mit der Aufenthaltsgenehmigung keine Schwierigkeiten bekommen, wenn sie sich anständig benehmen. Oder dieses Mädchen, Minevver heißt sie, in der Hafengasse 100."

Ausländer: „Es tut mir wirklich leid, daß ich Sie enttäuschen muß, aber ..."

Beamter: „Was heißt *aber?*" (Er schreit ihn an.) „Was heißt *aber?* Willst du heiraten oder mich verarschen? Jawohl, du willst mich verarschen. Wer bist du, ha, wer bist du schon? Ich will dir helfen, und was machst du? Dies willst du nicht, jenes willst du nicht. Heirate doch zum Teufel dein Mädchen in deinem dreckigen Dorf, wenn du das dann Ehe nennst ... So bleibst du entweder ewig ledig oder verheiratet-ledig. Hinaus, hinaus, sage ich dir, hinaus!"

Alles in Butter

Der Sozialarbeiter für türkische Arbeitnehmer in der Stadt, Mustafa S., macht wieder seinen Knastbesuch. Mustafa S. besucht häufig das Gefängnis in der Stadt, erfragt die Probleme der türkischen Insassen, kümmert sich um deren Angelegenheiten. Mustafa S. ist einer der wenigen türkischen Sozialberater, die sich mit Ausdauer um die Einsitzenden kümmern. Es gibt auch viele Sozialberater, die sich bereichert haben oder die sich um ganz andere Dinge gekümmert hätten – sagen manche Türken.
Diesmal trifft Mustafa S. einen Insassen, der neu ist und den er noch nicht kennt. Mustafa S. kennt fast alle Türken in dieser Kleinstadt, weil sie bei ihm waren, um sich einen Rat zu holen, oder weil er sie irgendwo getroffen hat, sich mit ihnen über die Deutschen, über die deutschen Gesetze und Vorschriften unterhalten hat. Ihn aber, den Neuen, hat Mustafa noch nirgends gesehen. Vielleicht ist er einer von den Türken, die gut Deutsch können, und seinen Rat nicht brauchen, überlegt er. Mustafa geht auf den Neuen zu, fragt ihn, warum er im Gefängnis sitzt. Der Neue antwortet lustlos: „Ich habe irgendeinen Scheiß gebaut." Mustafa fragt weiter: „Was für einen Scheiß?" „Etwas Komisches." Mustafa läßt nicht locker. Er stellt sich ihm vor, und da Mustafa unter den Türken einen guten Ruf genießt, hat er keine Schwierigkeiten, mit ihnen in Kontakt zu kommen. Der Neue, Idris Uzun, beginnt zu erzählen, warum er sitzt.

„Ich habe eine große Familie, mit der ich für immer in Deutschland bleiben will. Diesen Entschluß faßte ich, als ich vor zwei Jahren zum letzten Mal in der Türkei im Urlaub war. Nicht wegen der Politik oder so was. Meine Kinder gehen hier in die Schule. Wenn sie zwei Wochen in der Türkei verbracht haben, dann wollen sie unbedingt wieder nach Deutschland zurück. Weißt du, wie sie Deutschland nennen? Unser Deutschland, sagen sie. Sie vergleichen alles, was sie in der Türkei sehen, z.B. Essen und Trinken mit dem in Deutschland. In Deutschland sind unsere Straßen aber sauberer, sagen sie, in Deutschland sind aber unsere Häuser schöner und größer, in Deutschland schmeckt das Essen besser, unsere deutschen Freunde sind besser ... obwohl sie gar keine deutschen Freunde haben. Das ist Sehnsucht. Das weiß ich, weil ich am Anfang, als ich nach Deutschland kam, das Gegenteil gedacht habe. Ich träumte von den Straßen meines Dorfes, von den Weiden, vom Fluß, von der Kuh, von den Bäumen, und ich verglich sie mit denen in Deutschland und meine waren besser als die in Deutschland. Daher weiß ich, daß meine Kinder in Deutschland ihr zu Hause sehen.
Hast du den Film SÜRÜ-DIE HERDE gesehen? Dann erinnerst du dich bestimmt, warum der alte Mann seine Schafe nach Ankara treibt. Ich fragte nach dem Film meinen Kleinsten: „Na“, fragte ich ihn, „hat dir der Film gefallen? Was hast du verstanden?“ Er gab mir darauf eine Antwort, die mir sehr weh tat. Er sagte: „Wenn die Deutschen nach Spanien oder Italien in Urlaub fahren, bringen sie ihre Tiere ins Tierheim. In der Türkei gibt es aber kein Tierheim, deshalb mußte der alte Mann seine Schafe bis Ankara mitnehmen, sonst hätte er keinen Urlaub machen können.“
Ich möchte meinen Kindern ersparen, daß sie in der Türkei wie Ausländer behandelt werden. Im Urlaub habe ich oft erlebt, wie die Nachbarkinder oder die Nachbarn selbst

meine Kinder beschimpften, auch wenn meine Kinder unschuldig waren. Du deutscher Lümmel, du deutsches Schwein. Du denkst vielleicht, meine Kinder sind auch in Deutschland Ausländer. Vom Paß her und aus deutscher Sicht ja, aber nicht von ihrem Verhalten her.
Für meinen Entschluß, in Deutschland zu bleiben, brauchte ich nun aber eine Wohnung. Wenn ich das Geld für einen Wohnungskauf zusammen habe, muß ich dem Ausländeramt nachweisen, daß ich eine Wohnung gefunden habe, die für jedes Familienmitglied 12 qm hat. Das macht 108 qm. Ich hatte schon eine solche Wohnung, aber mir wurde gekündigt, weil ... ich werde später darauf zurückkommen. Ich fand also eine alte Wohnung in der Oststadt."
Mustafa S. unterbricht Idris: „Mein Büro ist auch in der Oststadt, aber ich kenne dich nicht."
„Das kann sein. Ich habe wenig mit den Türken zu tun, ich besuche nur ab und zu eine türkische Familie, die ich schon lange kenne. Bei den anderen Türken fühle ich mich nicht wohl. Mit vielen habe ich keine Gemeinsamkeiten mehr, sie glotzen ununterbrochen Videos , die ich überhaupt nicht mag, und ich möchte nicht, daß meine Kinder in ihrer Freizeit nur vor dem Fernseher hocken. Ich bin mit den deutschen Gesetzen bisher nicht in Konflikt geraten, ich lebte nur für meine Familie."
Mustafa S. fragte weiter: „Seit wann wohnst du in der Oststadt?"
„Seit zweieinhalb Jahren. Ich wohnte unter Deutschen. Die Wohnung war teuer, aber gut, der eine oder andere Türke wohnte zwar in meiner Nähe, aber wie gesagt, ich kannte keinen, und ich wollte auch keinen kennen. Nach meinem Entschluß, in Deutschland zu bleiben, ging ich in die Volkshochschule, um Deutsch zu lernen. Meine Kinder halfen mir, jeden Tag lernte ich Deutsch mit ihnen. Selbst meine Frau wurde von meinem Ehrgeiz und Fleiß angesteckt, und

sie fing auch an, Deutsch zu lernen. Zwei Jahre lang wurde bei mir zu Hause nur Deutsch gesprochen. Wir fühlten uns in der neuen Wohnung und in der Umgebung wohl. Mit den Deutschen hatten wir auch keinen Kontakt, aber wir dachten, der Kontakt kommt von selbst, wenn wir einigermaßen Deutsch gelernt hätten.
Eines Tages nun klingelte es an unserer Tür. Als ich öffnete, stand eine alte Frau da. Mensch, da habe ich mich aber gefreut! Eine deutsche alte Frau besucht uns, ohne Angst, ganz ohne Scheu, dachte ich. Ich wollte meine Frau holen, damit sie die alte Dame begrüßt. Ich wollte meiner Frau sagen, sie soll die Dame in unser Wohnzimmer bitten. Ich wollte und wollte ... die alte Dame aber sprach keinen Ton. Sie sagte mir nicht einmal ‚Guten Tag', kein ‚Grüß Gott' oder so, sondern: ‚Hier sind alte Sachen von meinen Kindern, die inzwischen rausgewachsen sind. Wie ich gehört habe, sind Sie Türken und haben viele Kinder.' Dabei zeigte sie auf die beiden Säcke, und schon war sie verschwunden. Eigentlich wollte ich gar nichts annehmen, aber mir fiel ein, warum uns die vorherige Wohnung gekündigt worden war. Darum nahm ich die alten Sachen der alten Frau und schleppte sie ins Wohnzimmer."
Mustafa S. unterbrach ihn: „Warum wurde die erste Wohnung denn gekündigt?"
„Vielleicht ist es falsch, aber meine Frau und ich glaubten, daß uns die Wohnung gekündigt wurde, weil wir die alten Sachen der deutschen Nachbarn nicht angenommen hatten. Damals brachte uns auch eine Frau Sachen vorbei. Ich sagte ihr, daß wir nichts brauchen würden, daß sie alles wieder mitnehmen solle. Seit dem Tag gab es keinen Kontakt mehr mit den Nachbarn. Sie haben uns einfach ignoriert. Wir existierten einfach nicht mehr für sie . Sie waren nicht etwa ausländerfeindlich, oh nein, ich wäre ihnen dankbar gewesen, wenn sie sich ausländerfeindlich benommen hät-

ten, aber wir haben für sie einfach nicht mehr existiert. Und weil sie von uns keine Notiz nahmen, fingen wir selbst an, uns mürrisch und feindlich zu verhalten. Ich schimpfte auf alles, meine Kinder wurden aggressiv, und der Vermieter sagte zu mir, ich solle mich gefälligst wie ein Türke benehmen, sonst würde er uns die Wohnung kündigen. Ich fragte ihn, wie ich mich denn zu verhalten hätte. Er erklärte mir, daß jeder anständige Deutsche den Türken helfen wolle, wir sollten sie also gewähren lassen und uns helfen lassen. Wenn nicht, ja, dann bitte schön.

Wir machten also diesmal die Säcke auf. Es waren Pullis aus den 50er und 60er Jahren, ein paar Hosen, viele Strümpfe, die meisten gestopft, ein paar alte Jacken, die meine Kinder bestimmt nicht anziehen würden, Röcke, die keine Farbe mehr hatten. Die Sachen stanken muffig. Als die Kinder abends die Sachen sahen, rümpften sie die Nase. Unser fünfter, Adem, sagte: ‚Vater, du sagst immer, wir sollen uns sauber und gut und anständig anziehen, damit unsere Nachbarn nicht denken, die Türken verstehen nicht einmal was vom Anziehen, und was machst du, du holst die muffigen Sachen der Deutschen.‘ Ich schimpfte ihn aus. ‚Du solltest wenigstens noch wissen, warum wir unsere alte Wohnung verlassen mußten!‘“

Ich brachte die beiden Säcke gleich in den Keller. Nach einigen Tagen kamen zwei andere Frauen mit alten Klamotten. Wenn ich einer etwas abgenommen hatte, dann konnte ich die beiden Frauen nicht unverrichteter Dinge wieder nach Hause schicken. In Deutschland muß man ausgewogen sein, sonst landet man in der Klapsmühle. Eine der Frauen erzählte mir, daß meine Kinder ihrer Nachbarin, der Frau Meier, einfach die Tür vor der Nase zugeknallt hätten mit der Begründung, sie würden keine alten Sachen von Deutschen brauchen. Das könne sie nicht verstehen, zumal Frau Meier für ihre Hilfsbereitschaft bekannt sei.

Hier machte ich einen Fehler, ich muß es zugeben. Ich suchte nämlich Frau Meier auf, entschuldigte mich für das Verhalten meiner Kinder und brachte die Geschenke nach Hause, wenn man die alten Klamotten als Geschenke bezeichnen kann. Sie meinte noch, wenn wir so viel Geld hätten, daß wir die alten Sachen der Deutschen nicht mehr brauchten, was wir dann noch in Deutschland zu suchen hätten. Bei den Türken wisse man nie, woran man sei. Bei den Polen hätte sie so etwas nie erlebt, und sie hätte alles, was sie auftreiben konnte nach Polen geschickt, nichts davon sei zurückgekommen, die Polen seien eine dankbare Nation, aber die Türken ...

Dann kamen viele, jeden Tag, zu jeder Zeit. Ein älterer Herr schrie mich an, ich solle gefälligst zu Hause sein, wenn er mir etwas vorbeibringt. Ob ich denken würde, daß er keine andere Arbeit hätte als bei mir vorbeizukommen! Es sei nun das fünfte Mal, daß er mit vollen Händen vor unserer Tür stehe. Er sei zwar Rentner, aber in Deutschland müsse man auch als Rentner arbeiten.

Von da an grüßten uns viele Deutsche auf der Straße. Wir wurden akzeptiert. Der eine oder andere erkundigte sich nach dem Wohl meiner Frau oder ob wir im Urlaub in die Türkei fahren würden, oder warum meine Frau soviele Kinder geboren hätte? Wenn wir etwas brauchen würden, dann sollten wir es nur sagen. Sie gaben mir ihre Telefonnummer, damit ich jederzeit anrufen könnte, schließlich seien wir ja Nachbarn.

Wir hatten zwei Keller. Einer davon war bereits voller Gerümpel, als ein netter Nachbar mit einem VW-Bus mitten in der Nacht bei uns vorfuhr. Ich weiß nicht, wo er die ganzen Sachen aufgetrieben hatte. Wir entschuldigten uns, daß wir genug Sachen hätten und nichts mehr annehmen könnten. Daraufhin wurde er böse und schrie so laut, daß die deutschen Nachbarn aufwachten. Er fände es unverschämt, daß wir ihn ungleich behandeln würden. So ginge es nicht, jeder Deutsche hätte das Recht, den Türken zu helfen. Er lud seinen VW aus und fuhr wieder weg. Ich wollte ihn wirklich nicht beleidigen. Aber wir konnten nichts mehr annehmen. So mußten wir die Sachen in den zweiten Keller tragen.

Wir wären ja zufrieden gewesen, wenn die Leute nicht nach ihren Sachen gefragt hätten. Einmal war ich auf der Bank. Ein älterer Herr, an den ich mich nicht mehr erinnern konnte, sagte laut vor allen Kunden: ‚Seit einer Woche beobachte ich Ihre Kinder, Herr Idris! Bis heute habe ich leider nicht feststellen können, ob die Kleidung, die ich Ihnen geschenkt habe, Ihren Kindern paßt.' Dann fügte er zynisch hinzu: ‚Oder gefällt die Kleidung meiner Kinder Ihren Kindern nicht?' ‚Doch, doch', verwahrte ich mich und gab ihm mein Ehrenwort, daß eines meiner Kinder seine Geschenke anziehen und ihn besuchen würde. Nun wollte aber jeder Deutsche, daß meine Kinder *seine* Sachen anziehen sollte und nicht die der anderen. Ich wollte es jedem recht machen, wollte mit keinem den Kontakt abbrechen. Mir gefiel es, auf der Straße von ihnen gegrüßt zu werden. Ich war nicht mehr isoliert, ich kam mit jedem ins Gespräch. Ich erlebte plötzlich, daß Deutschland auch heimatlich sein kann. Durch meine Kontakte mit den Deutschen wurden meine Sprachkenntnisse immer besser. Sie korrigierten mich, wenn ich Fehler machte. Zwar konnten viele von ihnen nicht richtig Deutsch, ich meine grammatikalisch, aber ich profitierte trotzdem davon. Ich fühlte mich wie in meinem Dorf, jeder kannte mich, und allmählich kannte ich jeden.

Aber meine blöden Kinder machten das nicht mit. Sie weigerten sich, die alten Sachen anzuziehen. Meine Frau war auch auf ihrer Seite. Wir seien keine Bettler, sagten sie. Als wenn wir um etwas gebettelt hätten. Ich bat meine Kinder,

ja, ich flehte sie an, ich schlug sie – aber, keines von ihnen wollte sich mit den alten Sachen auf der Straße zeigen. Meiner Frau drohte ich mit Scheidung, ich würde sie sofort nach Hause zu ihren Eltern schicken, wenn sie nicht ... Aber es hat nichts genutzt.
Einerseits bestanden die Deutschen mit Recht darauf, daß ihre Sachen benutzt wurden, andererseits konnte ich meine Kinder nicht dazu zwingen. Wenn wenigstens meine Frau mitgemacht hätte, nein. Ich war fix und fertig.
Wenn die Deutschen nur alte Sachen gebracht hätten, wäre das nicht so schlimm gewesen. Aber sie fingen an, altes Geschirr, alte Fernseher, alte Radios, alte Teppiche, Gardinen, Besteck, Möbel und sogar Bücher zu bringen. Wir wußten nicht mehr, wo wir das alte Zeug, den ganzen Kleinkram lagern sollten. Die Keller waren bis zur Decke vollgestopft. Die Kinderzimmer waren voll, auch der Flur. Die Kinder schliefen im Wohnzimmer, durch den Flur mußten wir uns mühsam einen Weg bahnen, wenn wir nachts auf die Toilette gehen wollten. Zu Hause redete niemand mehr mit mir. Meine Frau kehrte mir den Rücken zu. Aber die Deutschen brachten immer weiter irgendwelche Sachen vorbei. Ein junger Mann brachte einen Tisch mit zwei Beinen. Als ich ihn fragte, was ich mit so einem Tisch anfangen soll, der nur zwei Beine habe, antwortet er: ‚Das ist Ihre Sache, was Sie damit machen. Sie sind der Türke, nicht ich.'
Ich weiß nicht, wer uns angezeigt hat. Ob es eines von meinen Kindern oder sogar meine Frau selbst war, das kann ich nicht sagen. Es kann auch dieser junge Mann gewesen sein, dessen zweibeinigen Tisch ich abgelehnt hatte. Vom Wohnungsamt kamen zwei Herren zu uns. Als ich sie vor meiner Tür stehen sah, dachte ich, sie wollten uns auch was bringen. Ich sagte ihnen, daß wir nichts mehr annehmen könnten, da wir keinen Platz mehr in der Wohnung hätten. Sie zeigten ihre Ausweise, sie wollten die Wohnung kon-

trollieren. Nach der Kontrolle behaupteten sie, daß ich meine Wohnung nicht vertrags- und zweckmäßig genutzt hätte, daher müßte ich die Wohnung innerhalb von zwei Wochen räumen. Da sah ich rot."

Wir tun so, als ob wir Deutsche wären

Dr. Ihsan ist ein vollständig integrierter Türke. Er ist so integriert, wie es die Deutschen von einem Türken erwarten. Nehmen wir zum Beispiel sein Privatleben. Zwei Jahre nach seiner Ankunft in Deutschland lachte er sich eine deutsche Freundin an. Wie und wen, das ist hier uninteressant – interessant ist, wie er sein Leben mit dieser Frau teilt. Dr. Ihsan ist dazu noch mit einer türkischen Frau verheiratet, die sich leider nicht integrieren läßt. Sie spricht kaum Deutsch, sie schminkt sich nicht, und was noch schlimmer ist: Sie kann nicht Ski fahren, obwohl Dr. Ihsan jeden Winter mit seiner Freundin zum Skifahren in die Alpen fährt. Daß er mit seiner Ehefrau Schwierigkeiten hat, ist ja normal. Er sagt es immer und überall. Welcher Ehemann hat mit seiner Ehefrau keine Schwierigkeiten, wenn sie so stur und integrationsunfähig ist. Dr. Ihsan aber ist sehr demokratisch, das kommt durch seine Integration. Er versucht, die Probleme seiner Ehe durch Gespräche zu lösen. Manchmal redet er dabei gegen die Wand. Er hat seiner Frau vielleicht schon hundertmal oder noch öfter gesagt: Wenn du aus meiner Leidenschaft zu dieser deutschen Frau ein Drama machst, kann ich mit dir leider Gottes keine richtige Ehe mehr führen. (Wenn sie doch nur ein wenig toleranter wäre, so wie seine Freundin! Die war auf seine Frau nie eifersüchtig!) Natürlich ist es ihre Schuld, wenn er sie schlagen muß. Das will er nicht unbedingt, aber er glaubt, daß eine türkische Frau immer das bekommt, was sie verdient.

Seine Integration beweist Dr. Ihsan auch durch seine Diskussionsfreudigkeit über die Probleme türkischer Frauen in Deutschland. Er diskutiert mit den Deutschen, die ihm ab und zu erklären, daß die türkischen Frauen in Deutschland mehr leiden würden als ihre Ehemänner. Dann breitet er stets überzeugende Gegenargumente aus, warum die türkischen Frauen nicht leiden, sondern nur so tun als ob.
Wenn Dr. Ihsan mit einer zu ihm passenden Frau verheiratet wäre, würde er sie auch nicht schlagen. Den Beweis dafür kann er bringen: Seiner Freundin hat er nie widersprochen, ihr gegenüber verhält er sich wie der geborene Gentleman.
Seine Integrationsbemühungen gehen so weit, daß er zu Hause sogar versucht, nach türkischen Liedtexten zu jodeln. Natürlich klappt das nicht immer, aber sein Versuch ist bewundernswert. Bewundernswert ist auch, daß er trotz seiner so weit entwickelten Integration seine Landsleute nicht vergißt. Er hilft ihnen, wo er nur kann. Daß er diese Möglichkeit nicht häufig hat, ist nicht seine Schuld. Die Türken bitten ihn eben selten um Hilfe. Seine größte Leistung in dieser Hinsicht war, als er einen Kredithai dazu überredete, für das verliehene Geld, das ein Landsmann als Darlehen bekommen sollte, keine hohen Zinsen zu berechnen. Dafür hat Dr. Ihsan selbst nur 10% der Gesamtsumme als Dolmetschergebühren kassiert.
Ja, wir leben schließlich in einem Land, in dem sich mit Geld schon einiges anfangen läßt.
Dr. Ihsan weiß, daß Integration nicht vom heiteren Himmel fällt. Man muß sich stets aufs neue integrieren. Jedem Türken, der ihn besucht, erklärt er die Wichtigkeit der Integration, besonders für Türken. Da er aber bisher nur einzelne angesprochen hat, will er es nun einmal anders machen: Mit einem großen Fest will er den Türken zeigen, wie die Deutschen die Türken gerne hätten.

Dafür läßt er eines Tages Einladungskarten drucken. Die verschickt er an alle Türken, die in der Stadt und der Umgebung wohnen, mit der Bitte, daß jeder, der kommen will, die Karte an ihn zurückschicken solle. Er bekommt aber nur zwei Karten zurück, deren Empfänger unbekannt verzogen sind. Trotz dieses negativen Echos auf seine Gast- und Hilfsbereitschaft will er sich nicht geschlagen geben. Er mietet einen Saal, bestellt Bier und Wein – für die türkischen Kinder Cola – und eine bayerische Blaskapelle. Denn Dr. Ihsan mag bayerische Musik. Bayerische Blasmusik hat viele Gemeinsamkeiten mit der türkischen Kneipenmusik. Beide werden mit immer gleichbleibenden Texten und Noten gesungen, von stets ähnlich aussehenden Männern, deren Bäuche sich zwei Meter über den Rumpf vorwölben, oder von Frauen, die mit barocken Busen ausgestattet sind; wenn sie ihre Büstenhalter loslassen, fahren die Teufel in der Hölle erschrocken aus dem Schlaf.

Würde Dr. Ihsan für sein Fest kein Motto finden, dann wäre er kein integrierter Türke. Er nennt es: *Wir tun so, als ob wir Deutsche wären – ein reines Übungsfest.*

An diesem Abend stellt er sich mit seiner Freundin an die Tür, um jedem Türken die Hand zu geben. Seine Frau bleibt zu Hause, weil sie ein blaues Augen bekommen hat – ganz plötzlich und unvorhergesehen, mit einem Schlag. Seine Freundin trägt einen Hut, der mit den Fahnen beider Länder geschmückt ist. Seine Krawatte hat das gleiche völkerverständigende Muster.

Obwohl die Türken keine einzige Karte zurückgeschickt haben, kommen sie doch in Scharen. Der Saal ist für zweihundert Menschen berechnet, dreihundert Türken gehen hinein. Aber wie sie hineingehen! Dr. Ihsan bittet jeden Türken, so zu tun, als sei er ein Deutscher, also müssen sich die Türken hintereinander in einer Reihe aufstellen. Derjenige, der dran ist, durch die Türe zu treten, muß seiner

Freundin und ihm die Hand reichen, sich vor beiden verbeugen und sich nach deren Befinden erkundigen. Wenn die Türken dabei aber laut lachen und reden, unterbricht er sie: Wir tun heute abend so, als ob wir Deutsche wären! Ein Deutscher kommt nur selten lachend zum Feiern, er macht ein ernstes Gesicht, so als würde jetzt ein schwieriges Problem besprochen werden.
Im Saal will jeder Türke am Tisch seiner Freunde sitzen, was Dr. Ihsan mißfällt. Er setzt sie mit sanfter Gewalt wieder auseinander, weil ein Deutscher sich bei einem offiziellen Fest nie zu seinen Freunden setzt, sondern dort, wo für ihn ein Platz reserviert ist.
Vor den dreihundert Türken, vier bayerischen Musikern und seiner deutschen Freundin hält Dr. Faruk eine Rede, wie ein Deutscher sie halten würde: sachlich, streng auf den Anlaß bezogen, mit genau bemessenen Zuschüssen an Gefühl:
„Liebe Freunde; ich darf euch zu dem *Wir-tun-so-als-ob-Fest* herzlich begrüßen. Integration ist so wichtig, daß jeder Türke dieses Wort sich immer wieder in Erinnerung rufen sollte. Ob an verschwiegenen Orten oder am Arbeitsplatz; ob er sich gerade zum Schlafen legt oder aufsteht; ob er in der Moschee ist oder beim Arbeitsamt – er muß immer wieder sagen: Lieber Allah, hilf mir bitte beim Integrieren. Natürlich kommt die Integration nicht von selbst. Man muß dafür etwas tun, nicht nur beten. Deshalb haben wir uns hier zusammengefunden, um die Integration einzuüben. Ich bitte um Geduld und Eifer. Ich danke ihnen."
Die Kapelle aus Bayern fängt an zu spielen. Als die Türken dieses Dröhnen hören, werden sie unruhig, besonders die türkischen Kinder. Nach dem dritten Lied singt der dickste Mann der Kapelle den bekannten Refrain vom Prosit der Gemütlichkeit, eins zwei drei ... – aber kein Türke macht mit. Einige reden laut mit den Nachbarn, obwohl das von

Dr. Ihsan im Programm nicht vorgesehen ist, Kinder heulen, die türkischen Frauen sitzen in Gruppen. Dr. Ihsan geht auf die Bühne: „Ja, meine lieben Freunde, wenn ihr so weitermacht, dann glaube ich nicht, daß uns der Abend gelingt. Ihr müßt mitmachen, so ... Die Musiker hinter mir, die machen es vor, und ihr alle macht es nach." Die Türken beeilen sich auszutrinken, was sie gerade in der Hand haben; die Frauen Tee, die Kinder Cola, die Männer Bier oder Schnaps. Einige Frauen vergessen dabei, daß der Tee noch heiß ist.

Wenn Männer aufstehen, um sich mit ihren Freunden zu unterhalten, werden sie von Dr. Ihsan freundlich an ihren Platz zurückgebeten, weil sie noch nicht ihr viertes oder fünftes Bier getrunken haben. In Deutschland, so erklärt er ihnen, würden die Leute sich nie vor dem fünften Bier zu ihren Freunden an den Tisch setzen. Er werde schon Bescheid sagen, wann man zu seinen Freunden gehen dürfe.
Dr. Ihsan steht oft auf, geht auf die Bühne, redet auf die Leute ein, erklärend, hinweisend, erläuternd: „Nicht ich, sondern ihr habt Probleme, meine lieben Freunde. Wenn ihr so andersartig seid, dann ist es ja kein Wunder, daß ihr überall Schwierigkeiten bekommt. Ihr müßt euch Mühe geben, so unauffällig wie möglich zu sein. Immer so zu tun, als ob wir Deutsche wären. Und wer jetzt jemanden sympathisch findet und ihm gern das ‚Du' anbieten möchte – es kommt schon noch die Gelegenheit, ich werde den Zeitpunkt über das Mikrofon bekanntgeben."
Die bayerische Kapelle spielt jetzt heftiger als zuvor. Sie ist verärgert über diesen türkischen Doktor, weil er so oft auf die Bühne kommt und ihre Musik unterbricht. Dr. Ihsan aber trinkt jedesmal sein Bier aus, wenn das „Ein Prosit, ein Prosit der Gemütlichkeit" erschallt. Gegen Mitternacht wird dann überraschend das „Du" freigegeben. Jetzt kann

sogar jeder jeden drängen, sein privates Problem dem anderen zu erzählen, wie das eben die Deutschen auch tun.

Die türkischen Frauen sammeln sich in der Mitte des Saales, reden miteinander ohne Rücksicht auf die bayerische Musik und die Trinksprüche, die Kinder spielen überall herum. Die Männer, die Schnaps oder Bier trinken, sind unter sich, die anderen gehen hinaus. Ein Türke will die Zeche seines Freundes zahlen und Dr. Ihsan sieht das. Er erinnert ihn ziemlich laut daran, daß man heute abend so tun will, als ob man Deutscher sei, also müsse jeder für sich zahlen, auch Kinder und Eltern getrennt. „Ob das Kind vier oder vierzig ist", setzt er hinzu, „jeder muß selbst bezahlen. Als Deutscher zahlt man seine Zeche selbst."

Als der Augenblick kommt, in dem die Deutschen sich übergeben hätten, schlägt ein Türke den anderen nieder. Warum, weiß niemand. Dr. Ihsan schreit von der Bühne herunter und kotzt: „Nicht schlagen! Kotzen! Nicht schlagen, sondern kotzen!"

Kein Türke weiß, wie ein Deutscher auf den Boden fällt, aber Dr. Ihsan fällt wie ein Sack auf den Boden. Vielleicht tut er schon ganz instinktiv so, als ob er ein Deutscher ist.

Schrebergarten

für Hans Maucher

Manchmal hasse ich meine kleine Tochter. Soll mir keiner sagen, daß ich meine eigene Tochter nicht hassen darf, besonders dann nicht, wenn sie noch klein ist. Wenn ich Ihnen erzähle, was sie unserer Familie angetan hat, dann werden Sie meine Gefühle vestehen. Überhaupt, hassen ist nicht gut. Ich weiß nicht, ob Jesus Christus oder Goethe das einmal gesagt hat: Man soll nicht hassen und den Rest Gott überlassen – in meinem Fall Allah, weil der deutsche Gott für mich nicht zuständig ist.
Ich bekam im letzten Jahr einen Schrebergarten von der Stadt. Als ich die Mitteilung las, dachte ich, daß ein Herr Schreber gestorben sei und ich seinen Garten geerbt hätte. Ich muß Ihnen gestehen, daß ich mich dabei etwas mulmig gefühlt habe. Nicht weil wir, wenn ein Deutscher plötzlich stirbt, beschuldigt werden könnten, sondern weil ich etwas dagegen habe, wenn die Deutschen und die Türken ohne Grund so familiär werden.
Gott sei Dank war das aber nicht der Fall, sonst wäre ja die ganze gesellschaftliche Ordnung im Eimer.
Aus der Mitteilung ging hervor, daß ich mich bei der Stadt melden soll, wenn ein Interesse an einem Schrebergarten bestünde. So ging ich zum zuständigen Sachbearbeiter und erfuhr von ihm, daß jeder Schrebergarten in Deutschland einen eigenen Sachbearbeiter hat. Mit diesem Menschen zusammen besichtigte ich meinen Garten, der zwischen

schon ausgebauten deutschen Gärten wie eine tote Maus dalag: mit Draht eingezäuntes Ackerland. Der Sachbearbeiter mußte von meinen bäuerlichen Fähigkeiten überzeugt gewesen sein. „Herr Dikmen, ich habe Ihre Unterlagen beim Ausländeramt studiert, Sie kommen vom Land, Sie verstehen von Gärten und Äckern mehr als viele Deutsche. Deshalb bekommen Sie dieses Ackerland. Zeigen Sie den türkenfeindlichen Deutschen, was in Ihnen steckt!"
Der letzte Satz war für mich die beste Herausforderung, die ich je aus dem Munde eines Deutschen gehört habe. Wenn man mir jeden Tag so was Ähnliches sagen würde, dann würde ich Bäume ausreißen. Den Vertrag unterschrieb ich mit geschlossenen Augen. So einem türkenfreundlichen deutschen Beamten gegenüber habe ich völliges Vertrauen , ich kann mich auf ihn verlassen, so wie ich mich auf Allah verlassen habe, als ich nach Deutschland kam.
Meine Frau, mein Sohn und ich machten uns an die Arbeit. Es war schön, wieder auf dem Feld zu arbeiten, frische Luft, Bewegung, Sonne und um mich herum die deutschen Gärten. Meine türkischen Bekannten würden vor Neid platzen, wenn sie sähen, daß ich unter freiem Himmel mit den Deutschen zusammen bin. Mit den Deutschen sind wir schon lange unter dem gleichen Dach, aber unter freiem Himmel, in einem Garten: Ich werde eingeladen, ich werde sie einladen, wir werden richtige Nachbarn sein.
Unser erstes Problem begann mit dem Gartenhaus. Ich hatte mir vorgenommen, ein Haus zu bauen, in dem ich auch hätte wohnen können, wenn ich von meiner Wohnungsvermieterin hinausgeworfen werden sollte. Als wir uns darüber unterhielten, war unsere kleine Tochter dabei. Ob sie uns verraten hat, kann ich mit Sicherheit nicht sagen, aber sie ist eine Klatschtante, das kann ich mit Sicherheit und in aller Öffentlichkeit sagen. Der Beamte kam plötzlich zu

uns in den Garten, nahm mich zur Seite und sprach mit mir in einem beamtenfreundlichen Ton, der mich so sensibilisiert, daß ich heulen könnte. „Herr Dikmen, Sie leben in einem demokratischen Land, in dem sogar Türken ein Stück Boden bekommen. Sie können hier ein Gartenhaus bauen, wie Sie wollen, ich würde Ihnen aber empfehlen, vorher den Vertrag zu lesen! Ein Vertrag ist in Deutschland nicht nur eine Verpflichtung, sondern auch eine Hilfestellung."
Daraufhin ließ ich mir den Vertrag von einem Dolmetscher übersetzen. Der türkische Dolmetscher las mir aber nur die Verpflichtungen vor, die ich durch meine Unterschrift unter den Vertrag übernommen hatte. Mir war klar, warum er nur diese Paragraphen übersetzte. Neid, der pure Neid.
Alle Gartenhäuser der Schrebergärten standen wie wilhelminische Soldaten, gerade, Brust nach vorn, Arsch nach hinten. Alle Häuser hatten die gleiche Farbe, gleiche Größe, gleiche Breite, die Fensterzahl war gleich, die Türen in der gleichen Wand. Das hat nichts mit der weltbekannten und berüchtigten deutschen Disziplin zu tun, sondern mit der Gleichstellung der sozialen Schichten und Klassen. Wo sonst könnte man mit der Gleichstellung der Menschen beginnen, wenn nicht unter freiem Himmel.
Als mein Gartenhaus gebracht wurde, tuschelten meine deutschen Nachbarn . Ich glaube, sie beteten, daß mein Haus nicht sofort zusammenbricht. Wir stellten mein Haus auf, mußten es aber gleich wieder abreißen, weil unser Haus 2,5 Meter aus der Front herausstand – wie ein Türke in Deutschland, der immer aus der Reihe tanzt. Die Nachbarn merkten es auch, aber ich glaube nicht, daß sie den Sachbearbeiter angerufen haben, das mußte meine kleine Tochter gewesen sein. Sie verschwand ein paar Minuten, in dieser Zeit hat sie bestimmt den Sachbearbeiter geholt. Der maß unser Haus nach und sagte: „Ich kann alles akzeptieren, Herr Dikmen, aber wenn ein Türke versucht, im Gar-

ten aus der Reihe zu tanzen, dann hat meine Toleranz auch ein Ende." Also stellten wir mein Haus dahin, wo es hingehörte.

Im Südteil des Gartens wollte ich ein paar Rosenstöcke pflanzen. Wenn ich mich meinem Garten näherte, wollte ich meine Rosen riechen. Ich machte aber die Rechnung ohne den Vertrag und ohne meine deutschen Nachbarn. In dem Moment, als die Nachbarn mich mit den Rosenstökken in der Hand sahen, tauchte der Sachbearbeiter erneut auf. Da er nur für meinen Garten zuständig war, war er auch jederzeit bereit, mir beizustehen. Er flüsterte mir zu: „Im Vertrag steht, daß die Rosen nur in den Ostteil des Gartens gehören! Ich werde langsam wütend auf Sie, trotzdem möchte ich Sie nicht anschreien, damit Ihre deutschen Nachbarn nicht meinen, daß ich türkenfeindlich eingestellt bin. Verstanden? In den Ostteil gehören sie!" Ich flüsterte auch ihm zu: „Aber im Ostteil sehen die Rosen keinen Sonnenschein ..." Er flüsterte zurück: „Den Vertrag habe nicht ich formuliert. Derjenige, der das getan hat, hat bestimmt mehr davon verstanden als Sie und ich. Wenn ein Rosensproß hinauswachsen will, dann findet er seine Sonne."

Ich bestellte noch einmal einen Dolmetscher, diesmal aber einen anderen. Ich wollte das Vertrauen dieses Beamten mir gegenüber nicht verletzen. Der Dolmetscher übersetzte mir alles ganz genau. Wegen der sozialen Gleichstellung der Garteninhaber dürften die Pflanzen nicht über eine bestimmte Höhe hinauswachsen. In dem Moment begriff ich, warum meine deutschen Nachbarn jeden Tag mit einem Zentimetermaß in ihren Gärten herumliefen. Demokratie ist nicht das, war wir Türken darunter verstehen, sondern das, was ich in meinem Garten erlebt habe.

Anfangs spielte ich mit dem Gedanken, einige Pappelbäume zu pflanzen. Zum Glück habe ich die Idee fallengelassen. Oder Walnußbäume. Mit ihrem breiten Schatten aber

hätte ich die ganze Gleichstellung völlig zerstört und allein eine türkische Schattenmacht erlangt. Nein, nein, das wollte ich nicht. Deshalb verzichtete ich auf solche Obstbäume, dafür wollte ich nun Gemüsebeete. Ich mag Auberginen, gefüllt, gebraten, eingemacht oder als Beilage. Ich esse immer Auberginen. Meine Frau dagegen ißt gern Paprika. Also machte ich ein großes Auberginenbeet und ein kleines Paprikabeet. Der Beamte kam diesmal zufällig, ich möchte meine Tochter nicht wieder beschuldigen, denn sie war die ganze Zeit im Sandkasten und spielte. Er sagte mir wieder freundlich: „Herr Dikmen, ich habe Ihre Gemüsebeete noch nicht nachgemessen, aber ich als deutscher Beamter, der auf das Grundgesetz geschworen hat, darf nicht zulassen, daß ein Geschlecht benachteiligt wird, in diesem Falle ihre Frau. Meine geübten Augen sagen mir, daß Ihr Auberginenbeet größer ist als das Paprikabeet Ihrer Frau." Wie fast alle Türken, die sich den Deutschen gegenüber frauenfreundlich benehmen, widersprach ich. „Meine Frau habe ich nie unterdrückt, vielleicht im Bett, aber ansonsten hat meine Frau die gleichen Pflichten wie ich." Das ärgerte ihn, und er maß die Beete nach. Das Auberginenbeet war 124,5x199,7 und das Paprikabeet 122,5x196,3 cm groß. Ich glich beide Beete aus, damit auch in der türkischen Familie die Frau nicht unterdrückt wird.
Meine Tochter spielt für ihr Leben gern im Sand. Sie pinkelt in den Sand, macht daraus Teig, wie sie es in der Küche bei ihrer Mutter sieht. Um Gottes willen, denken Sie nicht, daß meine Frau ins Mehl ... nein, das bestimmt nicht. In der Straße, in der wir wohnen, dürfen die deutschen Kinder nicht mit meiner Tochter spielen, weil sie zu oft den Sand schmutzig gemacht hat. Darum baute ich einen Sandkasten im Garten, damit sie in Ruhe spielen konnte, nicht, damit sie in Ruhe pinkeln kann! Irgendwann kam dieser Sachbearbeiter wieder vorbei, aber diesmal ohne Zentimetermaß, sondern

mit einer Waage. Er wog den Sand im Kasten und sagte dann: „Herr Dikmen, sie haben mich enttäuscht, ich habe sie der Gartenarbeit für fähig gehalten, aber ... Schauen sie die Waage an, sie haben 125 Gramm mehr Sand im Kasten als im Vertrag steht." „Das ist klar", sagte ich ganz locker, „vorgestern hat es ja geregnet." „Das habe ich mitberechnet, trotzdem wiegt ihr Sand mehr als genehmigt. In diesem Falle muß ich ihnen den Garten wegnehmen."
Nach einer Woche bekam ich von der Stadt noch einmal ein Schreiben, in dem mir mitgeteilt wurde, daß mir der Schrebergarten weggenommen wird, weil ich in meinem Garten trotz Mahnungen unerlaubte Dinge eingerichtet hätte. Ich konnte wirklich nicht begründen, wie 125 Gramm zuviel Sand in den Kasten gekommen waren. Dann fiel mir ein, daß meine kleine Tochter reingepinkelt haben könnte, nein, nicht könnte, sie hat hineingepinkelt! Wenn sie das nicht getan hätte, wäre ich in ein paar Jahren ein gemachter Gemüsehändler gewesen.

Freundschaft

Freundschaften in Deutschland entwickeln sich durch Zufälle. Diese Regelung kennen viele Türken nicht. Sie versuchen mit gewaltsamer Zielstrebigkeit, deutsche Freunde zu gewinnen. Ich habe viele Bekannte unter meinen Landsleuten, die sogar in den Zeitungen inserieren, um einen deutschen Freund zu finden. Durch Inserate kann man in Deutschland seine Ehefrau finden, aber keinen Freund.

Ich möchte hier über die Entwicklung meiner Freundschaft mit der Familie Berger erzählen, damit die anderen Türken sich ein Beispiel daran nehmen.

Zwölf Jahre lang wohnten wir mit Familie Berger unter einem Dach. Sie auf der oberen Etage, wir unter ihnen. Zwölf Jahre lang haben sie weder mich noch ein Mitglied meiner Familie gegrüßt. Trotzdem kam uns nie die Idee, ihnen Türkenfeindlichkeit zu unterstellen. Man soll als Ausländer den Deutschen nie sagen, sie seien ausländerfeindlich, denn erst dann werden sie es. Denn die Deutschen tun immer, was man ihnen sagt. Während des Dritten Reiches wurde ihnen gesagt: Ihr seid Nazis, und so sind sie Nazis geworden. Nach dem verlorenen Krieg wurde ihnen gesagt: Ihr seid Demokraten, so sind sie von heute auf morgen Demokraten geworden.

Herr Berger hat uns immerhin ab und zu mal besucht. Wenn er zu uns kam, dann aber nur, weil er sich über den Krach meiner Kinder beschweren wollte. Es war am 4. Mai

1981, als er wieder bei uns an der Tür klingelte. Bevor ich die Tür aufmachte, wußte ich schon, wer draußen stand, weil er immer zweimal kurz und zweimal lang klingelte, seine Frau dagegen klingelte viermal lang. Man muß in Deutschland Prinzipien haben, sonst ist man verloren. Das ist auch der Grund , warum sich die Ausländer in Deutschland so verloren fühlen. Sie haben keine Prinzipien, sie leben in den Tag hinein. Sie tun nur, was ihnen gerade einfällt.
„Diesmal komme ich mit freundlichen Absichten", sagte Herr Berger, noch bevor ich ihn fragen konnte, von welchem meiner Kinder er die Stimme gehört habe. „Wir möchten Sie und Ihre Frau zum Abendessen einladen, wenn Sie für uns Zeit haben!" Die Zeit hatten wir, weil wir auch etwas haben mußten, damit die Deutschen nicht meinten, wir hätten nichts.
Er fügte hinzu, daß er für uns Rindfleisch gekauft hätte und er hoffe, daß wir seine Einladung nicht ablehnen würden. Er war nett und charmant. In diesem Moment, als er uns so anlachte, stellte ich fest, daß Herr Berger auch ein Mensch war. Warum nicht, er war zwar ein Deutscher mit festgefahrenen Prinzipien, aber immerhin ein Mensch. Das war ein Indiz dafür, daß wir Ausländer Geduld haben müssen, daß die Zufälle auf uns zukommen. Daß er unsere Eßgewohnheiten berücksichtigte, fand ich ausgesprochen aufmerksam von ihm. Die Deutschen hinken zwar hinter unseren Gewohnheiten hinterher, aber das macht nichts. Wir hatten schon lange angefangen, Schweinefleisch zu essen, aber nur in der Familie, das wußten die anderen Türken nicht, und wir würden das ihnen gegenüber auch nie zugeben.
Nachdem Herr Berger gegangen war, fragte mich meine Frau skeptisch, wie sie immer Deutschen gegenüber war: „Warum will der uns aus heiterem Himmel zum Essen einladen? Entweder er will uns vergiften oder ... du weißt schon, was ich meine." „Keine Angst", beruhigte ich sie,

„weder das eine noch das andere wird er tun. Außerdem werde ich mein Messer mitnehmen."
Bevor meine Frau mir nach Deutschland nachgekommen war, hatte sie im Dorf gehört, daß deutsche Männer die türkischen Frauen sofort umarmen und küssen. Davor hat sie eine wahnsinnige Angst.
Am 5. Mai abends gingen wir, gut gerüstet, zu Familie Berger hinauf. Ich muß ehrlich sagen, daß sich sowohl Herr Berger als auch seine Frau sehr anständig benahmen. Sie versuchten nicht einmal, uns ihre Urlaubsdias zu zeigen. Wir unterhielten uns sehr nett, und nach dem Essen erzählten sie uns , warum sie uns zum Essen eingeladen hatten. Sie wollten im nächsten Jahr in die Türkei auf Urlaub fahren. Frau Berger bekam eine neue Stelle im Betrieb, und diese neue Stelle sollte viel mit Türken zu tun haben. Damit seine Frau vorwärts kam, und sie nicht mehr in diesem Arbeiterviertel wohnen müßten, sollte sie erst die Türkei kennenlernen. Das würden wir doch einsehen, oder? Wir seien doch Nachbarn, und Nachbarn müßten sich gegenseitig helfen.
Sie wollten aber in der Türkei keine alten Steine besichtigen, das hätten sie schon genug in Griechenland getan. Sie glaubten auch nicht, daß die türkischen Steine anders aussehen würden als die griechischen, zumal viele der alten Steine von den Griechen in der Türkei liegengelassen worden sind. Familie Berger wollte die Türken „live" erleben, sie kennenlernen, sich mit ihren Sitten und Gebräuchen und mit ihren Gewohnheiten vertraut machen. Sie wollten keine Türken wie die in Deutschland, sondern echte Türken anfassen, sich mit ihnen unterhalten. Ich fragte Bergers, ob sie schon türkisch gelernt hätten. Die Anwort der beiden leuchtete mir wirklich ein: „Wozu türkisch lernen? Im Urlaub kann man sich mit jedem in jeder Sprache unterhalten." Sie wollten den Urlaub auch nicht dort verbringen,

wo es von Deutschen nur so wimmelt, sondern da, wo echte Türken leben. Von unserem Aussehen und Benehmen ausgehend nahmen sie an, daß wir aus einem Dorf stammten. Und sie wollten in unserem Dorf Urlaub machen.
Wenn meine Frau nicht dabei gewesen wäre, hätte ich Frau Berger geküßt. Eine größere Ehre hätte ein Deutscher einem Türken nicht geben können. Zwölf Jahre lang hatte ich auf diesen Moment gewartet. Das war mehr als eine kurzfristige Ehre, die mir zuteil wurde, es war eine Freundschaft für immer, auf die ich immer stolz sein könnte.
Welches Ansehen würde ich in meinem Dorf genießen, wenn ich in meinem Wagen mit den deutschen Gästen ins Dorf hineinführe! Ein deutscher Freund mit seiner Familie würde mich besuchen, meine Familie, meine Verwandten, würde Wasser und Brot mit mir teilen, freiwillig dieselbe Luft einatmen, auf gleiche Art und Weise wie ich im meinem Dorf leben. Wenn man alles erreicht hat, kommt es einem leicht vor, aber alles, wovon ich seit zwölf Jahren geträumt hatte, war wahr geworden. Ich dankte Allah.
Ich würde dann mit meinem deutschen Freund Hand in Hand, wie es die türkischen Männer tun, auf der einzigen Straße des Dorfes auf und ab gehen, ich würde jedem zeigen, wie weit ich es in Deutschland gebracht habe. Ich sah es schon vor mir, wie das ganze Dorf zu uns kommen würde, egal ob sie uns feindlich oder freundlich gesonnen sind, sie würden kommen, vor allem die Frauen, um Frau Berger anzusehen, sie zu berühren, sich mit ihr zu unterhalten. Ich würde nicht jedem gestatten, Frau Berger zu berühren. Nein, nicht jeder dürfte es tun.
Meine Frau unterbrach mein Selbstgespräch. „Siehst du, Herr Berger hatte doch einen Grund, uns zum Essen einzuladen“, nörgelte sie. „Und“, sagte ich ihr, „in Deutschland darf man einen nicht ohne Grund einladen, das ist hier Sit-

te, und ich verlange von niemanden, seine Sitten aufzugeben."

Am nächsten Abend, nachdem ich im Betrieb jedem Türken erzählt hatte, daß wir nächstes Jahr in unserem Dorf deutsche Gäste haben würden, wobei sie alle vor Neid erblaßten, kam ich nach Hause zurück, wo mir meine Frau die blöde Frage stellte: „Wo sollen die Bergers denn übernachten?" Daran hatte ich wirklich nicht gedacht. Wo sollten sie bloß übernachten? Bei meiner Mutter ging es nicht, sie hatte nur zwei Zimmer, in dem einem wohnte sie selbst, in dem anderen mein Bruder mit seiner Frau und seinen drei Kindern. „Wie wäre es, wenn dein Bruder mit seiner ganzen Familie nach Ankara zu seinen Schwiegereltern ziehen würde?" Die Antwort meiner Frau war wie immer, wenn von ihrer Familie die Rede war, negativ: „Wie stellst du dir das denn vor? Mein Bruder, seine Frau, seine Kinder, seine Ziegen und seine Kuh?" Meine Frau tat so, als wäre Herr Berger nicht so viel wert gewesen wie eine Kuh. Wir stritten uns heftiger, bis ich sie unterbrach: „Du bist in dieser Familie für die türkische Seite zuständig, ich für die deutsche und damit basta."

Ich traf mich mit Herrn Berger jetzt häufiger, obwohl das Problem der Übernachtung noch nicht gelöst war. Wir malten uns aus, wie schön der Urlaub werden würde. Frau Berger stellte mir viele Fragen, von denen ich die meisten nicht beantworten konnte. Ich hatte den Verdacht, daß sie den Urlaub unter rein wissenschaftlichen Aspekten betrachtete. Sie las sogar, wie sie mir erzählte, Romane von Karl May, der der beste Türkeikenner unter den deutschen Schriftstellern gewesen sei. Frau Berger erzählte mir, daß Karl May häufig in der Türkei gewesen war. In unserem Dorf jedenfalls nicht, sonst hätten die Älteren im Dorf davon erzählt.

Ob unsere gemeinsamen Urlaubspläne eine Rolle dabei gespielt haben, weiß ich nicht, aber die politischen Ansichten von Herrn Berger schlugen in die Richtung der Grünen um. „Ich mag idyllische Dörfer", meinte er, „keine unnatürlichen Geräusche, alles, was man sieht und berührt, ist natürlich, nicht wie in Deutschland gekünstelt. Es soll, Herr Dikmen, nicht luxuriös sein, sondern einfach und gemütlich."

„Aber Herr Berger", versuchte ich einzuwenden, „Sie werden bei uns mit dem Bad und der Toilette Schwierigkeiten haben, wir haben nämlich ..."

„Dann waschen wir uns eben nicht so oft", lenkte er ein. „Sie haben bestimmt genug Wasser im Dorf, oder?"

„Das schon", erwiderte ich, „aber nicht in der Wohnung."

„Na wenn schon, dann gehen wir eben zum Brunnen. Ich bin fest davon überzeugt, daß der Urlaub sehr spannend und aufregend wird, ein richtiges Abenteuer. Meine Frau wird davon profitieren, wenn sie eines Tages Abteilungsleiterin wird."

Ich schrieb in der Zwischenzeit Briefe an meine Verwandten in der Türkei, um das Übernachtungsproblem zu lösen. Die Antworten waren alle negativ. Keiner wollte oder konnte mir helfen. Es blieb mir nichts anderes übrig, als das Problem mit deutscher Hilfe zu lösen. Ich ging in eine Bank, nahm einen Kredit von 20.000 Mark auf, schickte das Geld an meinen Bruder in der Türkei, damit er ein Haus für meine Gäste bauen konnte. Meine Frau hielt das für verrückt, aber was finden unsere Frauen schon normal? Sie würde es einsehen, wenn wir wieder in Deutschland waren.

An einem herrlichen Donnerstag im Jahre 1982 fuhren wir aus Ulm ab. Ich nenne die Daten so genau, weil sie eine historische Bedeutung für mich in Deutschland haben. Es war die tollste Reise, die ich je gemacht habe. Die Autos fuhren hintereinander, zwar hätten wir alle in unserem Ford-Transit genug Platz gehabt, auch Familie Berger, aber die meinten, sie würden lieber im eigenen Wagen fahren, sie wollten uns keine Umstände machen. Unterwegs machten wir keine gemeinsame Rast, weil Frau Berger Angst hatte, daß die anderen Deutschen und auch die anderen Türken auf uns neidisch werden und uns irgendwas antun würden. In meinem ganzen Leben habe ich nicht so viele Übernachtungen in Hotels gehabt. Ich muß sagen, daß es toll ist, auf der Reise in einem Hotel zu übernachten, bisher habe ich immer, wenn ich auf der Reise in die Türkei war, im Auto am Straßenrand geschlafen. Man erholt sich rasch, man fährt mit frischer Kraft weiter.

Als ich im Dorf ankam, hupte ich ununterbrochen, das gleiche tat auch Herr Berger, es klang wie ein Konzert. Meine Frau, meine Kinder und ich küßten die Hände der Älteren und die Augen der Jüngeren. Familie Berger gab sich große Mühe, es uns nachzumachen, zwar klappte das nicht hundertprozentig , aber die Integrationsbemühungen der Bergers fand ich rührend. Man kann über die Deutschen sagen, was man will, aber sie sind integrationsfähiger als die Türken, und sie sind wahre Verwandlungskünstler, sonst könnten sie nach zwei Weltkriegen nicht so friedlich sein.

Die Berger-Kinder fingen an zu heulen, weil sie von allen Frauen im Dorf geküßt wurden. Mein Haus, das ich Bergers zur Verfügung stellte, stand zwar abseits, aber prächtig am Hang. Mein Bruder meinte, daß das nächste Jahr für einen Besuch besser geeignet gewesen wäre, weil das Dorf höchstwahrscheinlich dann Strom bekäme. Ich übersetzte für Herrn Berger und er antwortete, daß er es auch so schön fände. Die erste Nacht verlief reibungslos, wir waren alle todmüde. Meine Nachbarn waren böse auf mich, weil ich ihnen erklärte, daß der erste deutsche Gast in der Geschichte unseres Dorfes unbedingte Ruhe brauche. Sie glaubten, ich wollte ihn nur für mich haben.

Am nächsten Morgen stand ich früh auf um zu kontrollieren, ob meine Gäste auch wirklich in Ruhe gelassen wurden. Ich erwischte gerade noch ein Mädchen, das aus meinem neuen Haus herauskam. Ich stellte sie zur Rede, was sie so früh in meinem Haus zu suchen hätte. Ihre Antwort traf mich hart. Ihre Mutter hätte gedacht, man müsse den deuschen Gästen unbedingt etwas schenken, als Willkommensgruß. So hatte sie meinen Gästen einen Strauß „Vergißmeinicht" vorbeigebracht! Diese Bauern kapierten einfach nicht, daß die Deutschen zivilisierte Menschen sind und keine Geschenke brauchen, sondern Ruhe und Alleinsein. Es war mein Fehler, daß ich den Bauern nicht erzählt hatte, daß es in Deutschland jedes Jahr eine Geschenkwoche gibt, in der man seine Geschenke loswerden kann. Während ich mit dem Mädchen sprach, kamen zwei ältere Frauen vorbei, die eine trug einen Joghurtkessel, die andere ein paar Eier im Korb. Sie gingen einfach an mir vorbei ins Haus, so als wäre es ihr eigenes, und kamen mit leeren Händen wieder zurück.

Ich setzte meinen Kontrollgang fort und wollte vor allem Familie Berger nicht in ihrer Morgenruhe stören. Unterwegs traf ich den Dorfwächter, der vom Dorfvorsteher für die Sicherheit der Deutschen eingesetzt worden war. Der warf mir nun vor, ich hätte mich in Deutschland verändert! Ich sei arrogant geworden, mein ganzes Benehmen, meine Haltung, sogar meine Sprache hätten sich verändert, ich würde umherstolzieren, als hätte ich die Bergers selbst erschaffen.

Mittags ging ich dann in die Moschee, in der der Hodscha predigte. Es war ein Freitag und am Freitag wird immer gepredigt. Der Hodscha predigte diesmal, wie heilig der Gast sei, denn eines Tages war Mohammed von Engeln und einem Gast gleichzeitig besucht worden. Da bat er die Engel, sich ein wenig zu gedulden, weil er einen Gast hätte, und der sei heilig.

Wenn ich in meinem Dorf bin, versäume ich nie das Freitagsgebet, nicht wegen der Predigt, aber man trifft dort die Leute. Im Sommer redet man über das Feld, das Vieh, im Winter macht man Politik. Aber dieses Mal war nur von den Deutschen die Rede. Keiner verriet mir, was er mit ihnen vorhatte. Alle gingen nach Hause oder aufs Feld.
Ich wollte Familie Berger unser Dorf zeigen. Frau Berger sah müde aus, ihr Mann auch, die Kinder weinten. Ehe ich fragen konnte, was geschehen war, hörte ich ein Summen, das dann immer lauter wurde. Ich ging hinaus und sah den Dorfvorsteher, den Hodscha und den Dorflehrer. Hinter ihnen kam das ganze Dorf! Jeder hatte irgendetwas in der Hand. Zuerst dachte ich, die Deutschenfeindlichkeit sei ausgebrochen, denn die Leute trugen Stöcke, Äxte und dergleichen mehr. Der Dorfvorsteher befahl mir, die Tür freizugeben, denn die deutschen Gäste gehörten nicht mir allein sondern dem ganzen Dorf! Der Hodscha las irgendetwas aus dem Koran und fragte mich dann, ob ich beim Freitagsgebet gewesen und die Predigt über die Heiligkeit der Gäste gehört hätte. Dann wüßte ich ja, worum es ginge.
Die Leute traten alle ins Haus, legten ihre Geschenke auf den Boden, und am Ende meinte der Vorsteher, ich solle Bergers alles genau übersetzen. Viele der Dorfbewohner seien in der Stadt oder auf dem Feld, und Familie Berger müsse auch jenen die Gelegenheit geben, Geschenke vorbeizubringen. Außerdem sollten Bergers am nächsten Abend bei ihm zu Abend essen, den Abend darauf beim Hodscha und dann beim Dorflehrer.
Frau Berger hatte tiefe Augenränder bekommen, ihr Mann starrte bewegungslos und still auf eine Wand, und die Kinder weinten nicht mehr, sie waren stumm geworden.
Ich mußte mit den Leuten zum Dorfplatz gehen um zu besprechen, was die Deutschen am liebsten essen. Als ich ins Haus zurückkehrte, waren Bergers nicht mehr da. Wir ha-

ben überall nach ihnen gesucht, aber bis heute habe ich nicht herausbekommen, wie sie heimlich das Dorf verlassen konnten und wo sie hingefahren sind.

Doch in Deutschland grüßen wir uns jetzt häufiger. So jährlich drei Mal. Ich hoffe sehr, daß Frau und Herr Berger, wenn sie ihre neue Stelle bekommen haben, nur mit mir in die Türkei fahren. Ich biete auch allen anderen Deutschen mein Haus an, sie sind alle herzlich willkommen!

Der andere Türke

Als ich am Donnerstag, dem 6. April 1972 um 15.27 Uhr im Ulmer Hauptbahnhof eintraf, war ich ein ganz normaler Türke. Ich muß mich aber innerhalb von zwei Jahren so verändert haben, daß mein erster deutscher Besuch mir sagte ...

Nein, ich erzähle alles so, wie es passiert ist. Es war ein Novembertag im Jahre 1974, als ich zum ersten Mal hörte, daß ich ganz anders bin als die anderen Türken in Deutschland. Eine Dame vom Elternbeirat der Schule, in die mein Sohn ging, kam in meine Wohnung, um mir zu sagen, daß der Elternbeirat der Schule die Eltern der türkischen Kinder kennenlernen wollte. Ja, sie wisse schon, daß einige türkische Eltern ein nachweisbares Interesse daran haben, in welche Schule ihre Kinder gehen und was sie dort tun. Aber sie müsse auch sagen, daß die Mehrheit der türkischen Eltern mit der deutschen Schule nichts zu tun haben wollen. Das könne sie nicht verstehen, zumal die Mitglieder des Elternbeirates liberale, weltoffene Menschen seien und große Toleranz besäßen. Das alles sagte sie mir an der Türschwelle, und dann fragte sie mich, ob meine Frau zu Hause sei. Auf meine Bejahung hin betrat sie die Wohnung. Meine Frau wollte von mir wissen, wer diese deutsche Frau sei, weil wir bis dahin keine deutsche Privatperson zu Besuch gehabt hatten. Einmal waren zwei Sachbearbeiterinnen der Ausländerbehörde bei uns, und einmal kam eine Dame vom

Tierheim, um zu kontrollieren, ob unsere Wohnung für die Katze, die wir aus dem Tierheim geholt hatten, für das Tier geeignet war. Sie waren alle sehr nette Menschen, sahen sich überall um und gingen weg, ohne eine Tasse Tee getrunken zu haben. Das mag meine Frau nicht, wenn der Besuch bei uns nichts trinkt. Als ich nun den Grund des Besuches dieser Dame erklärte, war sie zufrieden. Gott sei Dank, sagte sie, endlich eine, die bei uns Tee trinkt.
Die Dame nahm im Wohnzimmer so Platz, daß sie meinen Schreibtisch in der Ecke nicht übersehen konnte. Sie starrte ihn an, machte ihre Augen auf und zu, auf und zu.
Ich dachte, diese Frau hat einen Tick oder so etwas Ähnliches. Ehe ich fragen konnte, ob sie sich wohl fühlt, stand sie auf, ging zum Schreibtisch hinüber, traktierte ihn mit ein paar kräftigen Faustschlägen, kritzelte mit den Kulis, die auf dem Tisch lagen, auf der Tischplatte herum und blätterte schließlich die Bücher durch, die auf dem Tisch lagen. Sie schaute uns dann an, so, als wollte sie sagen, daß wir nicht auf diese Welt gehörten. Unseren ersten deutschen Besuch wollten wir so herzlich wie möglich willkommen heißen, damit er überall davon erzählt. Ich bekam ein schlechtes Gewissen und schämte mich wegen des Schreibtisches. Aber die Dame streckte mir ihre Hand so plötzlich entgegen, wie ein Cowboy seine Pistole zieht: „Es freut mich sehr“, sagte sie, „es freut mich wirklich sehr, daß ich endlich einen Türken getroffen habe, der einen Schreibtisch besitzt. Sie sind ganz anders als die anderen Türken in Deutschland. Das habe ich schon geahnt. Ich bin so froh, daß mein Kind mit dem Kind eines ganz anderen Türken in die gleiche Klasse geht.“
„Verzeihen Sie bitte, aber ich muß Ihnen gestehen, daß die Bücher nicht mir gehören, es sind alles Leihbücher, und zwei der drei Kulis gehören mir auch nicht.“
„Sie brauchen sich nicht zu entschuldigen, Herr ... wie hie-

ßen Sie doch gleich? Herr Üzümlü. Aber der Schreibtisch gehört doch Ihnen, oder?"
„Der ja. Den habe ich aber nicht freiwillig gekauft. Ein Freund von mir ..."
Sie ließ mich nicht weiterreden. „Ich möchte mich nicht so weit in Ihre intimen Angelegenheiten einmischen. Wie der Tisch in Ihre Wohnung gekommen ist, ist nicht so wichtig. Doch, doch, ich habe schon geahnt, daß Sie ganz anders sind, sogar Ihre Frau sieht wie eine normale Frau aus."
„Waren Sie schon bei den anderen Türken? Ich habe keine Ahnung, ob die in ihren Wohnungen auch Schreibtische haben. Aber Sie wissen ..."
„Herr Üzümlü, ich kann doch nicht einfach so in jede beliebige Türkenwohnung hineinmarschieren, um zu sehen, ob auch da ein Schreibtisch steht. Um Gottes Willen! Was würden meine Freunde und Bekannten von mir denken, wenn ich ständig Türken Besuche abstatte. Ich brauche doch nicht viel Phantasie, um mir vorzustellen, daß Sie der einzige Türke sind, der einen Schreibtisch hat. Es kommt nicht darauf an, ob man von dem Schreibtisch Gebrauch macht. Warum sind Sie so bescheiden? Schließlich geht Ihr Sohn mit meinem in dieselbe Klasse."
Nach einer Tasse Tee ging die Dame weg. Sie gefiel mir gut, ich meine nicht so, daß ich mit ihr ... nein, ich fand die Dame nett, sie hatte einen scharfen Blick. Ohne Zweifel, ich bin ganz anders als die anderen Türken. Aber wie anders? Ich stellte mich vor den Spiegel, schaute mich um, tastete mich ab. Ich fand keine sichtbare Veränderung. Ich prüfte meine äußeren Organe: Meine Augen, wie immer müde; mein Gesicht, zwar nicht unsympathisch, aber immer das gleiche. Doch, eine Veränderung bemerkte ich: Pickel, die ich vorher nicht gesehen hatte. Meine Ohren, nach wie vor groß. Als ich klein war, haben mich die anderen Kinder geärgert, ich hätte Hasenohren, sie sind in Deutschland aber

nicht größer geworden. Meine Nase, meine Hände. Ich berührte meinen Rücken, ob ich plötzlich einen Schwanz ... auch nicht. Wie hat diese Frau erkannt, daß ich ganz anders bin als die anderen Türken?
Ich prüfte den Schreibtisch. Alles seinetwegen. Er war ein einfacher Schreibtisch, rechts zwei, links vier kleine Schub laden. Ein Bein war kaputt, aber das konnte man von außen nicht feststellen. Was hätte diese Frau nur gesagt, wenn ich zwei oder mehr Schreibtische gehabt hätte? Sollte ich mir noch einige anschaffen? Nein, das ging nicht, wo sollten wir uns sonst hinsetzen, das Wohnzimmer war sowieso ein kleines Loch.
Ich fragte meine Frau, ob sie irgendwelche Veränderungen an mir festgestellt hätte. Nein ... doch ... ich hätte zum ersten Mal gewagt, in ihrem Beisein in die Augen einer anderen Frau zu blicken. (Diese grundlose Eifersucht meiner Frau bringt mich noch irgendwann einmal um.)
Einige Tage nach diesem weiblichen Besuch bekamen wir einen männlichen. Er schien unsere Wohnung gut zu kennen. Er wußte genau, wo unser Wohnzimmer war. Ich mußte ihn nicht erst hereinbitten. Ich will niemanden diskriminieren. Er stellte sich mitten ins Wohnzimmer, beide Hände in den Hosentaschen, den Blick auf meine Frau gerichtet. Ob er meine Frau kannte? Das war unmöglich, weil ich meine Frau nie allein in die Stadt ließ. Ehe ich ihn fragte, was ich für ihn tun könne, ging er zum Schreibtisch, pustete kräftig, fuhr mit seiner Hand über die Tischplatte, beugte seinen Kopf darüber und begutachtete ihn. Wieder blickte er meine Frau an und sagte dann: „Gut." Ob meine Frau ihm gut gefiel oder der Schreibtisch, das habe ich nicht genau verstanden. Er ging in die Küche, schnupperte am Herd und kam zurück. „Gut", sagte er wieder. Und dann redete er pausenlos: „Ich weiß, wo dein Schlafzimmer ist, aber ... Du willst bestimmt wissen, warum ich gekommen bin?

Mein Sohn spielt in der gleichen Mannschaft wie dein Sohn. Ich wollte dich kennenlernen. Wie ich feststellen kann, bist du ganz anders als die anderen Türken, du schickst deinen Sohn zum Fußball und deine Frau, deine Wohnung, sogar deine Küche ... Gut." „Sagen Sie mir bitte, wie haben Sie herausgefunden, daß ich ganz anders bin als die anderen Türken ?" „Wenn du nicht anders wärst, wäre ich nicht zu dir gekommen. Klar?" Das war mir zwar nicht klar, aber ich tat so, als wäre mir alles klar.

Nachdem er gegangen war, holte ich die Fotos aus dem Schrank, die Fotos meiner Verwandten, meiner Bekannten und auch die von mir, um sie zu vergleichen. Ich bin schon immer so gewesen, wie ich jetzt war, eine anatomische Veränderung war nicht festzustellen.

Natürlich freute ich mich über die beiden Einschätzungen, aber warum und wie ich anders geworden bin, das wollte ich wissen. Nicht jeder Türke kann anders sein, das war mir klar. Am nächsten Tag half ich einer alten Dame. Ich trug ihr die Tasche bis zu ihrer Wohnung. Als ich ihr sagte, daß ich Türke bin, antwortete sie: „Sie sind aber nicht wie die anderen Türken. Die anderen Türken helfen keiner Deutschen, sie gehen mit ihren finsteren Blicken schnell an einem vorbei. Danke schön."

Selbst die alte Dame hatte mit ihren geschwächten Augen erkannt, daß ich anders bin als die anderen Türken in Deutschland. Ich konnte mich nicht länger dagegen wehren. Ich war ganz anders. Bis heute habe ich alles akzeptiert, was mir die Deutschen vorschreiben. Das muß ich auch, denn sie durchschauen mich. Und ich benehme mich jetzt entsprechend. Das erste, was ich in dieser Richtung tat, war, die türkische Sprache zu Hause zu verbieten. Die anderen Türken sollen von mir aus weiter Türkisch sprechen, aber nicht meine Familie! Als ich meine Frau dabei erwischte, wie sie mit meiner kleinen Tochter türkisch sprach, hätte ich sie beinahe erschlagen. „Du hast dich verändert, du bist ganz anders geworden“, sagte sie mir heulend. „Gott sie Dank“, schrie ich sie an, „Gott sei Dank, daß auch du endlich mitbekommen hast, daß ich ganz anders bin als die anderen Türken in Deutschland. Du bist meine Frau, aber ich mußte das erst von wildfremden Deutschen erfahren. Mach deine Augen auf und sieh, wie schnell und gründlich ich mich verändert habe. Ich bitte dich zum letzten Mal: In meiner Wohnung wird nicht mehr Türkisch gesprochen! Von mir aus Arabisch, Chinesisch, Tscherkessisch, Englisch, Französisch! Aber auf keinen Fall Türkisch!“

Hier muß ich meine Familie loben. Seitdem versuchen sie, alles nach meinem Wunsch zu tun. Ich konnte zwar bis heute die Sprache, in der meine Frau mit unseren Kindern spricht, nicht identifizieren, aber das ist nicht wichtig. Wenn man anders geworden ist, muß man die dazu passende Sprache finden. Das haben sie schon.

Bevor die Deutschen feststellten, daß ich ganz anders bin, habe ich meiner Tochter Märchen erzählt. Dann kaufte ich einen Plattenspieler und eine Platte, die seitdem ununterbrochen vom Rotkäppchen erzählt. Im Urlaub, als ich meine Mutter in der Türkei besuchte, hat sie mich beschimpft, weil ich ihr das Dampfbügeleisen nicht mitgebracht habe. Die türkische Angewohnheit, jedem etwas zu schenken, habe ich schon lange abgelegt. Das hat ihr aber gar nicht gefallen. Aber mir ist es egal, was meine Mutter über mich denkt. Ich bin nicht mehr einer von denen, der auf das, was seine Mutter sagt, Wert legt. Denn ich bin der andere Türke.

Tagesablauf eines Türken

Karl Mays Enkelkindern gewidmet, die über die Türken besser geschrieben haben als ich hier.

Viele deutsche Wissenschaftler, Künstler, Politiker und Bundesverfassungsschutzangestellte und Sozialarbeiter möchten wissen, wie die Türken in Deutschland ihre Tage verbringen. Einige deutsche Schriftsteller wollen herausbekommen haben, wie die Türken leben. Einige deutsche Zeitungen und Zeitschriften berichten darüber.
Ich selbst bin Türke und möchte den Informationsdurst der deutschen Gesellschaft löschen. Ich meine, wenn die Deutschen über uns mehr wüßten, wären sie alle ausländerfreundlich. Es ist unser Fehler, wenn wir den Deutschen nicht frühzeitig berichtet haben, warum und wie wir in Deutschland leben:
Wenn ein Türke früh aufwacht, macht er zuerst die Augen auf. Sie glauben mir vielleicht nicht, aber es ist so. Langsam macht er seine schwarzen Augen auf, schaut sich um, wo er sich befindet, denn als Türke hat er in Deutschland immer noch Orientierungsschwierigkeiten, obwohl er seit zwölf Jahren hier lebt. Hat er festgestellt, daß er immer noch in Deutschland ist, d.h. immer noch nicht abgeschoben worden ist, steht er schnell auf. Manchmal wird ihm schwindlig dabei, aber die Türken sind Schwindler, das ist eine Volkskrankheit. Wäre ihnen nicht ständig schwindlig, wären sie nicht nach Deutschland gekommen.
Bei manchen Türken stellt sich dieses Gefühl immer wieder ein, bei anderen, wie zum Beispiel bei mir, kommt das sel-

ten vor. Diese Unterschiede werde ich nachher erklären. Der Türke, von dem wir hier berichten, schlägt nach dem Aufstehen vor Freude ein paar Purzelbäume, weil er immer noch in Deutschland ist. Viele deutsche Wissenschaftler sind der Frage nachgegangen, wie ein Türke aufsteht. Die Lösung haben sie noch nicht gefunden. Ich wollte ursprünglich meine wissenschaftlichen Untersuchungen erst dann bekanntgeben, wenn mir der Nobelpreis für Gastarbeiteranatomie und -physiologie verliehen wird. Da ich aber deutsche Wissenschaftler wie die Verfasser des Heidelberger Manifests sehr schätze, gebe ich meine Ergebnisse nun doch vorher bekannt, allerdings unter der Bedingung, daß das Patent mir gehört.

Also: Ein Gastarbeitertürke stellt sich auf die Beine!

Den Purzelbaum schlägt er vor dem Waschen, sonst wird sein Körper naß und rutschig. Dann wäscht er sich mit Wasser, auch das ist eine neue wissenschaftliche Erkenntnis, die nicht jedem deutschen Wissenschaftler bekannt sein dürfte. Es klingt vielleicht unwahrscheinlich, aber viele Errungenschaften der Menschheit sind einfach. Natürlich gibt es in Deutschland Türken, die sich wirklich nur mit dem Wasser waschen, das sie aus der Türkei mitgebracht haben. Das ist auch der Grund dafür, warum viele Türken mit großen Autos in die Türkei fahren. Solche Türken nennen wir nichtintegrierte Türken. Die brauchen Sie, werter Leser, nicht ernst zu nehmen. Das sind unserer Meinung nach Spinner. Sie haben noch immer weder die deutsche Gesellschaft noch deren Wasser akzeptiert. Es gibt auch Türken, von denen ich nicht gerne spreche, aber ich muß es tun. Diese Türken waschen erst das deutsche Wasser mit türkischer Seife, bevor sie es benutzen. Sie glauben, sie können sich auf die Sauberkeit des deutschen Wassers nicht verlassen. Diese Türken nenne ich die Gastarbeitergrünen.

Dann kommt das Beten. Der Türke betet nicht nur für sich. Nein, er ist immer noch kein richtiges Mitglied der deutschen Gesellschaft. Individuelles Beten kennt er noch nicht. Es ist nichts Neues, wenn ich sage, daß der Türke zu Allah betet. Das entdeckte sogar der bekannte Türkenkenner Karl May. Der Türke spricht mit Allah. Dieses Gespräch zwischen Türken und Allah ist meist ein Monolog. Der Türke betet, Allah hört zu. Er sagt: „Lieber Allah, ich danke dir dafür, daß ich heute wieder gesund aufstehen durfte. Ich danke dir und dem Sachbearbeiter des Ausländeramtes dafür, daß ihr mich noch nicht aus Deutschland abgeschoben habt. Ich danke dir und den Wölfen dafür, daß meine Schafe im Dorf gesund sind. Ich werde dir dafür eins von ihnen opfern. Oh, lieber allmächtiger Allah, ich weiß, daß die Deutschen keine Mohammedaner sind, sie sind nur Menschen, laß aber bitte nicht zu, daß mein deutscher Nachbar arbeitslos wird. Du weißt am besten, was mir passieren würde, wenn mein Nachbar arbeitslos wird, und mach, daß ich weiterarbeiten darf." Manchmal, wenn Allah nichts anderes zu tun hat und wenn er nicht gerade vom Papst gestört wird, dann antwortet er dem Türken, damit der nicht meint, er sei von Allah verlassen und vergessen worden. Der liebe Allah flüstert dem Türken ins Ohr: „Keine Angst, mein treuer Diener, es passiert dir nichts schlimmeres als der Tod. Wenn mir ein Mensch lieb ist, dann hole ich ihn früher als vorgesehen zu mir."
Sobald der Türke Amen sagt, weckt er seine Frau, wenn sie noch nicht aufgestanden ist, mit Faustschlägen und Tritten. Eine anständige türkische Frau geht als letzte ins Bett und steht als erste auf. Wenn nicht, dann hat sie es eben verdient, so geweckt zu werden. Daß der Türke seine Frau unterdrückt, ist bekannt. Deutsche und türkische Frauen haben Gemeinsamkeiten. Die türkische Frau wird unterdrückt von dem schweren Gewicht des Kopftuches, die deutsche

wird unterdrückt von den Blicken der Männer in der Peep-Show-Kabine. Die türkische Frau muß, während sich ihr Mann für das Wohl der Familie mit Allah in Verbindung setzt, den Tee gekocht, eingeschenkt, den Zucker in den Tee hineingetan und umgerührt haben. Meistens muß der Türke von seiner Frau gefüttert werden. Nicht weil er wie fast alle Türken in Deutschland psychisch krank geworden ist oder weil er als Kind nicht gelernt hat, sich selbst zu füttern, sondern weil ein Türke sich hütet, sich in den Aufgabenbereich seiner Frau einzumischen. Die von der Natur geformte Aufgabenverteilung verlangt das vom türkischen Mann, und der ist sehr natürlich. Wenn er einmal gute Laune hat oder zum Beispiel an einem religiösen Feiertag, darf er sich selbst füttern. Die türkischen Männer, die ohne Schwestern aufgewachsen sind, sind sehr schlecht dran mit dem Gefüttertwerden. Diese Türken machen den Mund, zumindest am Anfang der Ehe, entweder zu früh oder zu spät auf. Sie müssen ihre ganze männliche Energie dafür einsetzen, daß es mit dem Füttern klappt. Wie sagen die Deutschen: „Was Hänschen nicht gelernt hat, lernt Hans nicht mehr."

Für solche Männer müssen dann die Eltern eine Lösung finden, indem sie sie frühzeitig mit einem Mädchen verheiraten. Ich habe jetzt für die Deutschen keine korrekte Prozentangabe. Ich glaube aber, daß die Türken, die schwesternlos aufgewachsen sind, mit zwölf, dreizehn Jahren heiraten. In der Fachliteratur sind einige Fälle zu finden, die sogar mit sechs oder sieben Jahren geheiratet haben. Aber das sind nur wenige. Diese Kinder spielen mindestens acht, neun Jahre lang Doktor.

Wenn ein Türke viele Mädchen und nur einen Sohn hat, dann hat es die Familie leichter. Daß die Töchter untereinander Krach haben, wer den lieben Papi und den kleinen Pascha füttern darf, das kommt in den besten Familien vor.

Wenn aber die Proportion umgekehrt ist, also die Familie nur eine Tochter und viele Söhne hat, dann genießt diese Familie in der türkischen Gesellschaft ein Ansehen, wie ein Deutscher sie in Deutschland genießt, wenn er von VW auf Mercedes umsteigt.
Der Türke frühstückt mit den Händen. Es gibt viele Türken, die inzwischen moderner geworden sind, sie trinken jetzt den Tee mit der Gabel, essen die Suppe mit der Hand, schieben das Fleisch mit dem Löffel in den Mund. Die Kauorgane der Türken haben sich verändert, die Zunge ist kürzer geworden. Das ist eine Erklärung dafür, warum die Deutschen die Sprachfunktion der Gastarbeiter übernommen haben.
Bevor der Türke zur Arbeit geht, muß er sich bei seinem deutschen Nachbarn entschuldigen. Tut er das nicht, dann ist er kein guter Türke in Deutschland. Er muß sich entschuldigen, weil er gestern Abend dreimal kräftig gehustet hat und somit seinen lieben deutschen Nachbarn in der Mitte seines Traumes, als der gerade im Lotto gewann, gestört hat. Er muß sich im voraus für das entschuldigen, was er nächste Woche anstellen wird, weil man bei den Türken nie weiß, was sie noch tun werden. Er muß sich für die Ausländerfeindlichkeit entschuldigen, weil es ohne Türken in Deutschland keine Ausländerfeindlichkeit geben würde. Er muß sich bei den kinderlosen Deutschen entschuldigen, weil sie keine Kinder haben, somit also kein Kindergeld vom Staat beziehen, und der Türke, obwohl dieser Staat ihm gar nicht gehört, wahnsinnige Steuerbegünstigungen genießt. Er muß sich bei den deutschen Demokraten entschuldigen, weil sie aussterben.
Der Türke arbeitet im Betrieb. Das klingt zwar wie das achte Weltwunder, aber es ist wahr. Viele Deutsche glauben, die Türken machen krank, laufen durch die Straßen oder sitzen in der türkischen Kneipe, um Geld zu verdienen.

Das ist nicht wahr, solange der Türke einen Betrieb hat, in dem er arbeitet. Der Türke im Betrieb produziert und antagonisiert. Er wirkt für viele deutsche Ehen antagonistisch. Wenn der deutsche Arbeiter Wut auf seine Frau hat, dann geht er auf einen Türken los, reagiert sich ab, so daß er zu Hause wieder glücklich ist.
Warum der Türke nach der Arbeit müde nach Hause kommt, steht weder im Faust noch in den Buddenbrocks, auch nicht im Heidelberger Manifest. Ich kann nicht sagen, ob die Deutschen auch müde nach Hause kommen. Die deutschen Wissenschaftler, Künstler, Politiker und Sozialarbeiter streiten sich darüber, ob die bei den Ausländern zu beobachtende Müdigkeit die Gesundheit der deutschen Gesellschaft in Gefahr bringt oder ob sie bei den Ausländern verbleibt, wie die Folklore. Wenn per Gesetz diese Müdigkeit vorgeschrieben wird, dann empfinde ich das als eine Diskriminierung, dagegen muß sich jeder Türke wehren. Einige Türken denken, wo solltest du deine Beschwerden vorbringen, wenn dich der Kadi beraubt hat?
Warum ich diese Müdigkeit schlecht finde? Weil ich meine Frau nicht mehr unterdrücken kann, nicht einmal im Bett. Es ist ungerecht, wenn der deutsche Mann seine Frau weiter unterdrücken kann und der Türke nicht. Türken, vereinigt euch gegen die Müdigkeit!
Die Türken schlafen zu früh, oder sagen wir so, schliefen zu früh, was auch erklären mag, woher die Bildungslücken der Türken stammen. Sie können kein Fernsehen schauen und sich dadurch weiterbilden. Seit aber das Video entdeckt wurde, werden auch die Türken klüger und gescheiter, weil jeder Türke trotz seiner Müdigkeit abends vier Stunden Video anschauen muß. Das muß er, sonst wird er aus der türkischen Gesellschaft entfernt, und ein Türke ohne seine Gesellschaft ist wie ein verlorenes Schaf, die Wölfe lauern draußen vor der Tür.

Der Türke schläft meistens im Kopfstand. Das ist keine türkenspezifische Schlafhaltung, alle Ausländer müssen so einschlafen. Wie Sie wissen, haben die Deutschen den Ausländern jegliche Gehirnarbeit abgenommen. Die Ausländer haben immer noch die menschlichen anatomischen Gegebenheiten, deshalb müssen sie ihr Gehirn durchbluten lassen, wenn sie keine Idioten werden wollen.
Wovon ein Türke träumt, ist noch nicht wissenschaftlich untersucht worden, deshalb ist das, was ich hier preisgebe, auch eine wissenschaftliche Neuigkeit. Das Warten auf Freud macht uns, den Türken, zu schaffen. Wann kommt er nun? Ein Türke träumt nur von deutschen Frauen, obwohl er türkisch verheiratet ist. Er liebt seine Frau, mag auch die deutschen Frauen, ganz gleich, ob sie blond oder brünett sind, ob sie blaue Augen haben oder nicht, ob sie vollbusig sind oder nicht. Diese Gewissenskonflikte lassen ihm keine Ruhe, deshalb schläft er schlecht, deshalb wird ihm schwindlig, wenn er zu schnell aufsteht. Mir wird nicht mehr schwindlig, weil ich nicht mehr von einer deutschen Frau träume, seitdem ich mir eine deutsche Freundin angeschafft habe. Sie kostet mich zwar Geld, aber ich habe meine Ruhe.

Vorsicht, frisch integriert

Muhsin Omurca gewidmet für Bild und bildhafte Szenen.

Ein Straßenkehrer kehrt rechts auf der Bühne türkisch singend ein paar Papierfetzen weg. In dem Moment, in dem er eine Bananenschale vom Boden aufheben will, bemerkt er, daß es 12 Uhr ist und murmelt: „Gott sei Dank, 12 Uhr, Pause." Şinasi kommt auf die Bühne, adrett gekleidet, eine Reisetasche in der Hand, hochnäsig, er will an dem türkischen Straßenkehrer vorbeigehen.

Muhsin: Hey, bir dakika, dikkat, Vorsicht!

Şinasi: Jetzt ist es schon so weit, daß die Türken einen auf der Straße ansprechen. (Er rutscht auf dem Boden aus.) Was fällt Ihnen ein, als Straßenkehrer diese Bananenschale liegenzulassen!

Muhsin: 12 Uhr. Mittagspause.

Şinasi: Diese Türken denken nur an ihre Pause. Da ist es ja kein Wunder, daß es kein Türke weitergebracht hat als bis zum Straßenkehrer.

Muhsin: Sizde türksünüz, korkmaniza gerek yok, söyleyin.

Şinasi: Sprechen Sie mit mir gefälligst in der Sprache meines Heimatlandes: Deutsch!

Muhsin: Sie sind doch Türke.

Şinasi: Nein.

Muhsin: Nein?
Şinasi: Nein.
Muhsin: Wieso nein?
Şinasi: Darum nein.
Muhsin: Sie sehen aber ganz türkisch aus. Was sind Sie denn, wenn Sie kein Türke sind?
Şinasi: Ein Integrierter!
Muhsin: Ein integrierter ... Meine Mutter hat mir verboten, mit Ausländern zu reden. (Muhsin setzt sich, packt sein Knoblauchbrot aus).
Şinasi: (Stehend, schnuppert in der Luft. Tritt zum Publikum.) Um Gottes Willen. Wer war das? Wer hat hier gefur ...? (Er prüft den Wind.) Oh, entschuldigen Sie, das muß von hinten kommen. (Schnuppernd macht er einen Bogen um Muhsin und nimmt ihm das Brot weg.) Heureka! Ich habe den stinkenden Übeltäter gefunden! Ein türkisches Kümmelknoblauchbrot! (Schmeißt das Brot in den Müllwagen.)
Muhsin: Gib mir mein Brot zurück!
Şinasi: Das kommt nicht in Frage. (Schützt den Müllwagen.)
Muhsin: Ich sage dir, gib mir das Brot.
Şinasi: Das kommt nicht in Frage.
Muhsin: (drohend) Gib mir mein Brot zurück!
Şinasi: Ich habe was Besseres für dich. Komm, sitzen, du Türke. (Beide setzen sich.) Schau mal, das ist meine Knoblauchtablette, sie riecht zwar nicht, aber die Wirkung ... Ich sage dir, mein lieber Türke: wie hundert Knoblauchbrote. (Muhsin schaut ihn blöd an, mit offenem Mund, Şinasi steckt die Tablette in Muhsins Mund.) Schlucken. (Muhșin versucht es zwei Mal und zeigt dabei dem Publikum, daß er nicht schlucken kann. Beim dritten Mal schlägt Şinasi Muhsin auf den Rücken. Der liegt nun flach auf dem Boden. Şinasi legt sich auch

auf den Boden.) Zunge raus! Die deutsche Pharmaindustrie ist mir Dank schuldig, ich habe einem Türken Tablettenschlucken beigebracht.

Muhsin: (sauer) Woher kommst du?

Şinasi: Natürlich aus Istanbul, merkt man das nicht? Du kommst bestimmt aus Ostanatolien, mit deinem finsteren Blick, mit deinem unerzogenen Schnurrbart, mit dei ...

Muhsin: Nicht aus Ostanatolien, aus Üsküdar, einem Vorort von Istanbul.

Şinasi: Auf alle Fälle östlich von Istanbul. Also, du kommst aus Üsküdar?
Kennst du Üzeyir Üzümcüoğulları aus Üsküdar?

Muhsin: Er ist der Bruder des Neffen des Onkels meines Schwagers.

Şinasi: Das kann nicht sein, seine Mutter ist die Nichte der Tante meines Großvaters.

Muhsin: Hiç aklima gelmezdi Almanya'da bir akrabama rastgeleceğimi. Wir sind ja Verwandte! Laß dich küssen. (Muhsin umarmt Şinasi, küßt ihn auf beide Wangen.)

Şinasi: Geh weg, geh weg! Laß diese orientalische Gefühlsduselei.

Muhsin: Wir sind doch aus einer Familie!

Şinasi: Und? Wir sind in Deutschland. Was denken die Deutschen, wenn ich einen Mann küsse. Bin ich schwül?

Muhsin: Schwül?

Şinasi: Ja, schwül.

Muhsin: Schwul.

Şinasi: Das sage ich doch. Wie alt bist du denn, du Türke?

Muhsin: Ich glaube, ich bin 27.

Şinasi: Was heißt das, du glaubst? Wissen tust du das nicht genau?

Muhsin: Aber wieso denn?

Şinasi: Der deutsche Datenschutz wird sich bestimmt nicht mit „vielleicht 27" zufrieden geben.
Muhsin: Wir Türken rennen eben nicht gleich nach der Geburt zum Einwohnermeldeamt.
Şinasi: Was macht ihr dann nach der Geburt?
Muhsin: Wir haben Zeit, viel Zeit. Und da kann man das genaue Geburtsdatum schon mal vergessen.
Şinasi: Dann kannst du auch 50 sein.
Muhsin: Das kann nicht sein. Mein Vater ist gerade 50 geworden.
Şinasi: Das ist doch kein Beweis, daß du nicht 50 bist.
Muhsin: Sag mal, bist du total bescheuert?
Şinasi: Warum ich? Weiß denn dein Vater überhaupt, wann er geboren ist?
Muhsin: Nein, wozu auch?
Şinasi: Dann kann dein Vater auch 120 sein.
Muhsin: Von mir aus, ja.
Şinasi: Das geht doch nicht, daß dein Vater mit 93 noch ein Kind gemacht hat.
Muhsin: Warum nicht, mit türkischem Knoblauch.
Şinasi: Hoffentlich weißt du, wie du heißt?
Muhsin: Das weiß ich, Ahmet.
Şinasi: (geringschätzig) Ich hätte es wissen sollen, alle Türken heißen Ahmet oder Mehmet. Ich, (wirft sich dabei in die Brust) ich heiße Gott sei Dank ganz anders, ich habe einen ganz seltenen türkischen Namen: Şinasi.
Muhsin: Wer?
Şinasi: Şinasi.
Muhsin: Was?
Şinasi: Şinasi.
Muhsin: Wo?
Şinasi: Şinasi.
Muhsin: Schimansky.
Şinasi: Nein, Şinasi.

Muhsin: Ach so, Şinasi, sag das doch gleich.

Şinasi: Auf deutsch heißt das: der Liebende. Das sagte mir auch meine Verlobte in Istanbul, aber daraus wird nichts. Ich darf sie nicht heiraten.

Muhsin: Ihr Vater ist wohl dagegen?

Şinasi: Das nicht, ich komme gerade vom Ausländeramt.

Muhsin: Wieso? Ist das Ausländeramt dieser Stadt Heiratsinstitut geworden?

Şinasi: Du nimmst mich auf den Arm. Das Ausländeramt ist dein Helfer, vergiß das nicht. Wenn du in Deutschland ein Problem hast, dann geh da hin.

(Muhsin steht auf und geht.)

Şinasi: Wo gehst du hin?

Muhsin: Zum Ausländeramt.

Şinasi: Aber wieso?

Muhsin: Ich habe jede Menge Probleme in Deutschland.

Şinasi: Jetzt doch nicht. Komm zurück. Belästige doch nicht das Ausländeramt mit deinen kleinen Scheinproblemen.

Muhsin: Ach so, deinem Problem hat das Ausländeramt auch nicht abgeholfen?

Şinasi: Doch, doch, ich darf sie sofort heiraten, aber hierher bringen darf ich sie nicht. Das verbietet das Ausländergesetz, so leid es dem Ausländeramt auch tut.

Muhsin: (Sehr laut zum Publikum) Elftes Gebot, Türke laß dein Weib zu Hause.

Şinasi: Der Chef des Ausländeramtes sagte, wenn es nach ihm ginge, hätte er es ja erlaubt, denn ich bin ganz anders als die anderen Türken in Deutschland. (Bei „die anderen Türken" zeigt er auf Muhsin.)

Muhsin: (Zum Publikum) Das merkt man.

Şinasi: Dann rief er seine Sekretärin.

Muhsin: Damit sie dich heiraten soll?

Şinasi: Nein, sie brachte ein paar Akten, die Personalien der heiratswilligen Frauen dieser Stadt. Zuerst suchte mir der Chef Ayşe Deniz aus der Schillerstraße 75 aus.

Muhsin: Das nennt man Familienzusammenführung.

Şinasi: Ich kenne sie. Sie ist in der Türkei mit einem Mann verheiratet, der nicht hierher kommen darf. Der Chef wußte nicht, daß die Frau schon verheiratet ist. In der Akte stand noch „ledig". Dann suchte er mir ein Mädchen aus Andalusien aus, Dulcinea ...

Muhsin: Dulcinea del Toboso? Alabaster ist ihr Hals, Marmor ist ihre Brust, Elfenbein ihre Hände, und ihre Haut ist weiß wie frisch gefallener Schnee?

Şinasi: Ja, ja, so hat er sie mir beschrieben. Du kennst sie also?

Muhsin: Nicht persönlich, aber sie ist früher mit einem Mann ausgegangen. Ihr Freund hieß Don Quichote.

Şinasi: Keine Ahnung.

Muhsin: Ein sehr edler Mann, wie der Bundeskanzler.

Şinasi: Nein, nein, dann will ich sie nicht. Was soll ein integrierter Türke mit einer spanischen Frau?

Muhsin: Warum nicht? Du kannst nicht Spanisch, sie kann nicht Türkisch, dann müßt ihr euch in deutsch verständigen. Das ist Zimmermannsche Integration.

Şinasi: Das wahre Glück für einen integrierten Türken ist eine deutsche Frau. (Wieder ganz stolz auf sich.) Da ich nicht gefährlich türkisch aussehe und mich nicht türkisch benehme, könnte ich auch eine deutsche Frau heiraten, aber die muß ich mir selbst suchen.

Muhsin: (pfeift) Die da.

Şinasi: Was?

Muhsin: Das da ist aber eine Frau.

Şinasi: Wo, was, wo denn? (Die beiden stehen auf, Rücken an Rücken. Muhsin läuft der Frau nach, während Şinasi nach ihr sucht. Şinasi erwischt Muhsin.) Deutsche Frau ist nur für integrierten Türken. (Er schubst Muhsin, Muhsin fällt auf den Boden.) Hey Baby, deutsches Fräulein, hätten Sie Zeit für mich? (Geht ab.)

Muhsin: (immer noch auf dem Boden) Wie die Deutschen Marathonweltmeister bei der Olympiade werden wollen, weiß ich. Sie schicken ein paar Gastarbeiter zur nächsten Olympiade, setzen fünf deutsche Blondinen in Kabriollettes und lassen sie herumfahren, nicht nur 42 Kilometer, sondern mehr. Die Gastarbeiter werden mit Sicherheit den deutschen Frauen nachlaufen. Da sie ausdauernd sind, werden sie alle Medaillen gewinnen. Und daß sie Ausdauer haben, das haben sie ja bewiesen. Über zwanzig Jahre in Deutschland und immer noch keine sichtbaren psychischen Schäden. Ich persönlich bin sehr zufrieden in diesem multinationalen Land. Ich, der Türke, reinige die deutschen Straßen von den amerikanischen Cola-Dosen, die von einem Belgier aus einem japanischen Auto hinausgeworfen wurden. (Er schreit einem fiktiven Auto hinterher: Şimdi temizlemiştim buraları, hergele, ne atiyorsun yere.) Meine Frau arbeitet bei einer französischen Firma, mein Bruder wird von einem jugoslawischen Meister ausgebildet, die Sportlehrerin meiner Schwester kommt aus der Tschechoslowakei, der Chef der Schlesier kommt aus Ceylon, einer der größten Dichter der deutschen Sprache der Gegenwart ist ein englischer Staatsbürger, die Kellner kommen aus Italien, die Showmeister aus Holland, die Gastarbeiter aus der Türkei, die Sänger aus Griechenland, nur der Chef des Ausländeramtes ist noch ein Deutscher. (Steht auf.)
Der Bundesinnenminister, Herr Möchtegern Prinz Eugen, fragt täglich:
Spieglein, Spieglein an der Wand,
welcher Gastarbeiter ist der beste im ganzen Land?
Der hinter den sieben Bergen, bei den sieben Zwergen,

der verschwindet FÜR IMMER, antwortet er sich selbst.
Ich fühle mich in Deutschland wie ein Fisch im Wasser (das spricht er beim Pinkeln an die Wand, über die Schulter zum Publikum). Bei der Qualität der deutschen Gewässer ist das kein leichtes Leben.
Ich bin im öffentlichen Dienst, wie der Bundeskanzler auch. Er ist der erste Diener dieses Staates, ich bin der letzte Dreck ... pardon, Diener. Deutschland ist ein Rechtsstaat. (Dabei will er nach rechts zeigen, er verwechselt die Richtungen, dann findet er sie.) Nein, nicht was sie jetzt denken. Rechtsstaat wie Gerechtigkeit (macht eine vage Geste zur linken Seite, schief.) Volksverhetzung ist in Deutschland verboten, es sei denn, daß es gerichtlich erlaubt ist. Der 5. Strafsenat des Oberlandgerichts Frankfurt findet in dem Spruch „TÜRKEN RAUS“ und in anderen Türkenbeleidigungen keine Straftat, weil das keine ausreichende Volksverhetzung ist, sondern eine bloße Diskriminierung der in der BRD lebenden Türken. Sprachlos, gell? Zum Beispiel Oldenburg. Wollt ihr Aktenzeichen? Gut, nehmen Sie bitte alle einen Kuli und einen Zettel in die Hand, schreiben wir gemeinsam das Aktenzeichen. Aktenzeichen 5 SS, 286/84. Entschuldigen Sie bitte, das zweite „S“ wird klein geschrieben.
Damit ist noch lange nicht gesagt, daß Sie mich jetzt beleidigen können. (Muhsin zeigt sein kleines Messer.) Ich habe mein Messer immer dabei, voll rostig, im Notfall sterben Sie an einer Blutvergiftung.
(Şinasi kommt langsam zurück, er sieht enttäuscht aus.)

Muhsin: Na, wie war's? Wie siehst du denn aus, Schimansky, Şinasi?

Şinasi: Sie hätte meinen Heiratsantrag beinahe angenommen, wenn nicht 'rausgekommen wäre, daß ich Türke bin. Und das alles deinetwegen.

Muhsin: (verständnislos) Warum meinetwegen?

Şinasi: Solche Türken wie du, die noch nicht integriert sind, vermasseln alles. Ihr könnt nicht richtig Deutsch, ihr benehmt euch wie die Wilden, grob, verletzend. Weißt du, was sie zu mir gesagt hat? Ich sei ein aggressiver Sexmaniak.

Muhsin: Kein Wunder, wenn du den Busen begrabschst.

Şinasi: Ich muß doch den Busen meiner zukünftigen Frau vorher kennenlernen, oder?

Muhsin: Was kann ich tun, Schimansky?

Şinasi: Şinasi.

Muhsin: Şinasi, was kann ich tun, damit du eine deutsche Frau bekommst?

Şinasi: Erst einmal Abstand halten.

Muhsin: Gut. Was kann ich also tun?

Şinasi: Dich integrieren.

Muhsin: Mich integrieren. Aber wie? Ich kann nicht mal richtig Deutsch.

Şinasi: Die Sprache ist nicht wichtig.

Muhsin: Nicht wichtig?

Şinasi: Natürlich nicht. Sonst müßte man alle Schwaben aus Deutschland jagen. Erst die Integration, dann die Sprache.

Muhsin: Gut. Was soll ich also tun, um mich zu integrieren?

Şinasi: Ganz einfach, ich werde es dir kostenlos beibringen. (Dabei nimmt er eine Zigarette aus der Schachtel.)

Muhsin: Kann ich auch eine haben?

Şinasi: Ich habe aber nur noch 13 Zigaretten. Okay, für 20 Pfennig.

Muhsin: (Nimmt die Zigarette, sagt dann zum Publikum gewandt) Der ist aber mein Landsmann. (Zu Şinasi) Hier sind 15 Pfennig, mehr habe ich nicht.

Şinasi: Gib meine Zigarette sofort zurück!
Muhsin: (Zum Publikum) Was für ein Verwandter! (Zu Şinasi) Da sind deine 5 Pfennig. (Er gibt Şinasi den Zigarettenfilter.)
Şinasi: Was soll ich damit?
Muhsin: (mit einer entsprechenden Handbewegung) Als Katalysator benutzen ...
Şinasi: Du bist ein Ferkel! (Wirft den Filter auf den Boden.)
Muhsin: Das hättest du nicht tun dürfen.
Şinasi: Warum nicht? Wer macht denn hier sauber, ich oder du?
Muhsin: (Flucht auf türkisch:) Allah senin cezani versin hemi, birde uyumsaglamiş buraya, pis herif! Das ist eine Sauerei!
Şinasi: Wenn man so flucht, dann kann man sich auch nicht integrieren. Die Deutschen fluchen nicht in der Öffentlichkeit. (Zu Muhsin) Rege dich ab! Wir müssen üben. Erste Übung ist die Begrüßung der Nachbarn untereinander. Angenommen, wir als Deutsche wohnen jahrelang in dem gleichen Haus und treffen uns täglich im Treppenhaus. Was sagt man dann?
Muhsin: Das kann ich dir nicht sagen, ich wohne mit Türken zusammen und stehe so früh auf, daß ich bisher keinen im Treppenhaus getroffen habe.
Şinasi: Du bist ein schwieriger Fall. Du weißt nicht, wann du geboren bist, du heißt Ahmet, und du hast keine Ahnung, wie man sich als Nachbarn in Deutschland begrüßt. (Zum Publikum gewandt klopft er sich selbstgefällig auf die Schulter.) Aber ich bin schließlich nicht umsonst staatlich noch nicht anerkannter Integrationsexperte. (Wieder zu Muhsin) Man wünscht sich guten Morgen.
Muhsin: Wann?
Şinasi: Am Morgen.

Muhsin: Am Morgen guten Morgen?
Şinasi: Guten Morgen am Morgen.
Muhsin: Mittag?
Şinasi: Guten Mittag.
Muhsin: Guten Mittag am Mittag.
Şinasi: Am Mittag guten Mittag.
Muhsin: Abends?
Şinasi: Guten Abend.
Muhsin: Am Abend guten Abend.
Şinasi: Guten Abend am Abend.
Muhsin: Ostern?
Şinasi: Gute Ostern.
Muhsin: Gute Ostern an Ostern?
Şinasi: An Ostern gute Ostern.
Muhsin: Fröhliche Ostern.
Şinasi: Was soll dieser Scheiß. Du gehst jetzt nach rechts und ich gehe nach links, wir treffen uns hier, und du wünschst mir einen schönen, herrlichen guten Morgen.
Muhsin: (Zuckt mit den Schultern.) Meinetwegen.
(Şinasi bleibt stehen, Muhsin geht nach rechts und trifft Şinasi, begrüßt ihn türkisch, freundlich, herzlich und lange.)
Şinasi: In Deutschland darf man grundsätzlich nicht freundlich grüßen. Damit verlierst du viel Zeit. Man muß den anderen begrüßen, ohne Sentimentalität, klipp und klar, kurz und knapp, ökonomisch. (Er zeigt es Muhsin, indem er, ohne ihn anzuschauen, grüßt). Hast du verstanden?
Muhsin: Ja.
Şinasi: (Zum Publikum gewandt) Ich glaube nicht, daß dieser Kümmeltürke das verstanden hat.
Muhsin: Klipp und klar, kurz und knapp, ökonomisch. (rhythmisch, tanzt dabei nach einer türkischen Musik. Şinasi wird von ihm dazu verführt mitzumachen. Als Şina-

si merkt, daß Muhsin entschwindet, hört er auf zu tanzen, erwischt Muhsin beim Müllwagen, das Knoblauchbrot in der Hand.)

Şinasi: Schon wieder Knoblauchfresser. Jetzt mach mir mal nach, wie man in Deutschland den anderen begrüßt.

Muhsin: (Geht nach rechts, geht auf Şinasi zu.) Herr Nachbar, ich sage Ihnen hiermit für die nächsten fünf Jahre pauschal guten Morgen, und Sie lassen mich in Ruhe.

Şinasi: Unglaublich. Nein, nein, das wäre Hyperintegration, und wir dürfen nicht deutscher sein als die Deutschen. Du willst sofort und auf der Stelle so weit integriert sein, daß die Deutschen nicht merken, daß du einmal Türke gewesen bist, aber keine Eile, trotz deiner anatolischen Begriffsstutzigkeit wirst du es schaffen, bei einem Experten wie mir. Die zweite Übung ist Kommnu..., Komnakitien, Commerzifakation, Kem..., Kom...

Muhsin: Kommunikation.

Şinasi: Sage ich doch. Angenommen, ich war im Urlaub in Spanien, du warst in Griechenland.

Muhsin: Um Gottes willen, nicht in Griechenland, die machen aus mir Hackfleisch.

Şinasi: Mit einem Urlaub in der Türkei geht es aber nicht.

Muhsin: Okay, ich war in der Sowjetunion.

Şinasi: Bist du wahnsinnig?

Muhsin: Warum nicht?

Şinasi: Du warst im Urlaub auf Mallorca.

Muhsin: Majorca.

Şinasi: Nein, Mallorca.

Muhsin: Mallorca?

Şinasi: Ja. Alle netten Deutschen sagen Mallorca. Wenn die Deutschen sich unterhalten, reden sie immer aneinander vorbei. Wenn ich jetzt sage: Ich war in diesem Jahr im Urlaub in Spanien, dann mußt du sofort sagen: Ich war im Urlaub auf Mallorca.

Muhsin: Gut.
Şinasi: Ich war in diesem Jahr im Urlaub in Spanien.
Muhsin: Wo in Spanien?
Şinasi: Du sollst nicht fragen, sondern von dir erzählen.
Muhsin: Ich werde es versuchen.
Şinasi: Ich war im Urlaub in Spanien.
Muhsin: Ich war auf Mallorca, es war herrlich.
Şinasi: Mein Hotel lag direkt auf dem Meer.
Muhsin: Was ist denn das? Mein Hotel lag direkt auf dem Meer? Ein schwimmendes Hotel?
Şinasi: Mein Kellner war ein toller Typ, er konnte zwar kein Deutsch ...
Muhsin: (Redet ununterbrochen, so daß Şinasi nicht zu Wort kommt.) Ich habe eine Kellnerin kennengelernt, ich sage Ihnen, sie war blau, blond, blöd. Ich habe sie zur mir aufs Zimmer eingeladen, wir haben die ganze Nacht getanzt, geliebt, uns dann unterhalten, und am Morgen haben wir uns guten Morgen gewünscht.
Şinasi: Hör auf!
Muhsin: Was ist denn?
Şinasi: Ich komme nicht zu Wort.
Muhsin: Du hast doch gesagt, Kommunikation aneinander vorbei.
Şinasi: Oh nein.
Muhsin: (Zum Publikum) Ich bin mehr für die direkte Kommunikation. Reden wir klipp und klar, kurz und knapp über die deutsche Ausländerpolitik.
Şinasi: Nur das nicht. (Er schiebt ihn auf die Bank.) Setzen. Der Intendant. (Muhsin steht wieder auf.) Platz. Der Intendant hat mich vor der Sendung gebeten, über die deutsche Innenpolitik kein Kabarett zu machen. Entschuldigen Sie bitte, meine Damen und Herren, Herr Intendant, dieser nichtintegrierte Türke weiß noch nicht, daß man sich als Türke nicht in die deutsche In-

nenpolitik einmischen darf. Ich werde es ihm aber jetzt beibringen. (Zu Muhsin) Bei Fuß. (Muhsin kommt wie ein Hund.) Was soll das?

Muhsin: Deutscher Schäferhund.

Şinasi: Laß den Unsinn. (Er lehnt sich an Muhsin, legt eine Hand auf dessen Schulter, Muhsin küßt Şinasis Hand.) Was soll denn das schon wieder? Schau mal, du Türke, als Gastarbeiter soll man sich in Deutschland erholen, man muß immer cool bleiben.

Muhsin: Kohl bleiben?

Şinasi: Man muß immer Kohl, äh, cool bleiben, sich nicht mit Politik den Kohl erbrechen, äh den Knopf errechnen, äh ...

Muhsin: Den Kopf zerbrechen.

Şinasi: Sage ich doch. Der Intendant hat mir mal gesagt, ich hätte vergessen, ihn persönlich zu begrüßen. Wo ist der Intendant? Ist er nicht da? Sein erster Stellvertreter vielleicht? 6, 7, 9. Ich begrüße Sie herzlich, Herr 9. Stellvertreter, ich bedanke mich herzlich, daß Sie uns eingeladen haben, aber wir bedauern sehr, daß Sie uns nicht richtig honoriert haben. Also, der Herr Intendant hat die Türken am liebsten, wenn sie Folklore tanzen. Komm, ihn zu ehren müssen wir ihm was vortanzen. (Die beiden tanzen türkisch.)

Muhsin: Halt, es regnet.

Şinasi: Schon passiert.

Muhsin: Was?

Şinasi: Die Einmischung.

Muhsin: Warum?

Şinasi: Was geht dich der saure Regen an?

Muhsin: Komm, stellen wir uns unter den Baum.

Şinasi: Schon wieder passiert.

Muhsin: Was denn?

Şinasi: Die Einmischung.

Muhsin: Warum denn?
Şinasi: Was geht dich das Waldsterben an?
Muhsin: Ich bin nur Gastarbeiter.
Şinasi: Schon wieder.
Muhsin: Was?
Şinasi: Einmischung.
Muhsin: Warum?
Şinasi: In der Türkei warst du nichts, hier bist du wenigsten ein Gastarbeiter.
Muhsin: (Schiebt Şinasi nach hinten.) Du kannst mich mal. Warum haben wir Türken kein Wahlrecht? Wir sind nicht farbenblind. Das ist ein gelber Pullover, das ist ein rotes Hemd, das sind schwarze Socken. Kreuze machen können wir auch. Ich spiele immer Lotto. (Zum Publikum) Schauen Sie, mein Lottoschein. Lassen Sie diesen integrierten Türken da wo er ist. Ein frisch integrierter Türke ist wie ein frisch kastrierter Bulle. Aggressiv, aber oft depressiv. (Dabei zeigt er auf Şinasi, der in einer Ecke sitzt.) Er weiß, daß er kein Stier mehr ist, aber er hofft, einer zu sein.)
(Er geht auf Şinasi zu.) Hey, ich muß mal ...
Şinasi: Schon wieder.
Muhsin: Was denn?
Şinasi: Einmi ... Natürlich ist das keine Einmischung. Ich bin nicht wie er. (Er merkt, daß Muhsin an die Wand pinkeln will.) Hey, du, was machst du da? Deutschland ist ein sauberes Land, oben wie unten. Geh hinaus. (Zum Publikum) Ich bin, Gott sei Dank, ein integrierter Türke, anständig, angepaßt, feige. Ich als voll integrierter Türke halte mich da völlig raus. Ich mische mich nicht einmal ins Spiel von Bums Boris ein. Boris? Ist er Russe? Ist auch egal, wenn er sich so gut integriert hat. Ich habe mich selbst integriert, und das ist schon lange her. Alles autodidaktisch, ohne fremde Hilfe.

Einmal wollte ich beweisen, daß ich der einzige nichtakademische Türke bin, der unter den Türken eine Massenintegration auslösen kann.
Deshalb mietete ich einen Saal, bestellte für die türkischen Kinder, Frauen und Männer Bier und eine bayerische Blaskapelle. Lachen Sie nicht, nur Insider wissen, daß die bayerische Musik mit der türkischen Musik viele Gemeinsamkeiten hat.
Ich fand auch ein Motto für mein Fest. Ich nannte es: „Oh, laßt uns alle wie Deutsche sein". Ich ließ viele Karten drucken, die ich an alle Türken mit der Bitte schickte, daß jeder, der kommen wollte, mir die Karten zurückschicken solle.
Obwohl die Türken keine Karten zurückgeschickte haben, kamen sie an dem Abend herdenweise. Der Saal war für 200 Menschen gerechnet, 500 Türken gingen hinein, aber wie sie hineingingen. Ich bat jeden Türken einzeln, er solle sich, bitte schön, so benehmen, wie sich die Deutschen benehmen. Also mußten sich die Türken in eine Reihe stellen, was ihnen saumäßig gestunken hat. Einige Türken lachten sogar. (Zum Publikum) Sie sind Deutsche, sagen Sie ehrlich: Würden Sie mit einem grinsenden Gesicht zu einem Fest gehen? ... Im Saal wollte sich jeder Türke gleich zu seinen Freunden setzen, was ich natürlich sofort unterband. Ein Deutscher würde sich bei einem so offiziellen Fest nicht mal zu seiner Frau setzen, wenn für ihn ein besonderer Platz reserviert ist.
Ich hielt eine Rede, so wie ein Deutscher sie halten würde; sachlich, streng auf den Anlaß bezogen, mit genau bemessenen Zuschüssen an Gefühl. (Er geht zum Mülleimer.)
Liebe Freunde, ich darf euch zum LASST UNS ALLE DEUTSCHE SEIN-FEST herzlich begrüßen. Integra-

tion ist so wichtig, daß jeder Türke, der aus Anatolien kommt und kein Akademiker ist, sie sich immer wieder in Erinnerung rufen sollte. Ob an verschwiegenen Orten oder beim Arbeitsplatz: INTEGRATION. In der Moschee: INTEGRATION, beim Ausländeramt: INTEGRATION. Er muß sich immer wieder sagen: Lieber Allah, hilf mir bitte bei der INTEGRATION.
Natürlich kommt die Integration nicht von selbst. Deshalb haben wir uns hier und heute, in diesem unserem Lande (dabei zeigt er auf das Innere des Müllwagens) unter meiner Leitung zusammengefunden, um die Integration zu üben. Ich bitte um Geduld und Eifer. Ich danke euch.
Als die bayerische Kapelle mit der bayerischen Nationalhymne anfing: ein Prosit, ein Prosit der Gemütlichkeit, eins, zwei, drei, gsuffa, machte kein Türke mit. Nicht mal beim zicki, zacki, zicki zacki hoy, hoy-hoy. Ich ging auf die Bühne: Du nix schwätzen, du trinken und tanzen und mitmachen. Capito. Also Stimmung. Ich trank demonstrativ zehn Bier aus.
Als der Augenblick kam, an dem die Deutschen sich übergeben hätten, stach ein Türke einen anderen mit seinem Messer nieder. Warum, wußte keiner. Von der Bühne aus schrie ich: Du nicht stechen, du kotzen, nicht stechen, sondern kotzen. Das Fest war eine ziemliche Pleite.
(Muhsin kommt.)

Şinasi: Da bist du ja wieder. Das ging aber schnell.

Muhsin: Muß. Du, ich habe immer noch Zeit, wir können weiter üben.

Şinasi: (Zum Publikum) Er ist endlich auf den Integrationsgeschmack gekommen. (Er klopft sich auf die Schulter.) Nach Zimmermann bist du der größte Integrationsexperte, Schimansky. (Er klopft stärker auf seine Schulter.)

Şinasi. (Zu Muhsin) Das wichtigste ist, wie ich aus dir einen Menschen machen kann. Ich reise mit diesem Integrationskoffer durch Deutschland und integriere alles, was ich in die Finger bekomme. Aus einem anatolischen Bauern mache ich (er zeigt dem Publikum seine Utensilien) mit dieser Brille einen deutschen Rechtsintellektuellen, mit diesem Hut einen Künstler. (Zu Muhsin) Mach mal deinen Mund auf. Der stinkt ja wie die Pest. Jeder nicht integrierte Türke muß vom TÜV kontrolliert werden. Wenn er nicht stinkt, muß er auf seinen Arsch eine TÜV-Plakette bekommen, daß er nicht stinkt, und daß er in Deutschland weiter arbeiten darf. Du hast keinen goldenen Zahn, das ist ein Pluspunkt für dich. Mach doch dein Maul zu, ich bin für die Gesundheit der deutschen Zuschauer zuständig. Mit deinem schwarzen Haar fällst du überall auf. Dein Schnurrbart ... unästhetisch. Abrasieren.

Muhsin: Nein.

Şinasi: Doch, du mußt für die Integration Opfer bringen. (Holt aus seinem Koffer ein Rasiermesser, rasiert den Bart ab.) So ist es doch schön, oder?

Muhsin: Ich will meinen Bart wieder, und zwar sofort. Ich will meinen Bart!

Şinasi: Ja, ja , du bekommst sofort einen Bart. (Er klebt ihm einen Adolf'schen Bart an, geht ein paar Schritte zurück, schaut Muhsin an, murmelt vor sich in.) Das kommt mir irgenwie bekannt vor. (Geht auf die andere Seite, kontrolliert ihn genau.) Mensch, wo habe ich ihn das letzte Mal gesehen? (In dem Moment grüßt Muhsin mit Nazigruß. Şinasi bekommt einen Schreck.) Weg mit dem Gruß, weg. Das ist nicht mehr in in Deutschland. (Nimmt den Bart ab, Muhsin holt aus dem Koffer einen Schal, verdeckt sein Gesicht mit dem Schal.)

Muhsin: So, jetzt sehe ich aus wie ein deutscher Politiker, gesichtslos. Reicht's, oder soll ich noch was machen?

Şinasi: Das ist genug. Wo wohnst du?

Muhsin: (Diese Frage wird je nach Auftrittsort beantwortet.) In Oststadt, wo viele Türken wohnen.

Şinasi: Du mußt weg aus diesem Ghetto.

Muhsin: Ich habe schon eine Wohnung gesucht, aber ... die waren entweder zu klein oder zu teuer.

Şinasi: Billig und groß ... beides paßt nicht zusammen.

Muhsin: Nach deutschem Mathematikverständnis? Ein Zimmer, zwei Fenster, drei Betten, vier Türken, 500 Mark und 6 Polizisten vor der Tür.

Şinasi: Du mußt ein Mittelmaß finden, also pro Person 12 qm.

Muhsin: Ich will es ja, aber ich finde es nicht. Sag mal, wieviele Quadratmeter stehen mir denn im Gastarbeiterparadies zu?

Şinasi: Auch 12 qm.

Muhsin: Warum auch 12 qm?

Şinasi: Weil das Ausländergesetz ein himmlisches Gesetz ist, unantastbar.

Muhsin: Wer ist da oben für uns zuständig, Mohammed oder?

Şinasi: Petrus, Paulus?

Muhsin: Kohlus, Späthus, Straussus? Bestimmt Straussus.

Şinasi: Nie gehört. Wer ist Straussus?

Muhsin: Ein Bayer im Himmel.

Şinasi: Hast du Kinder?

Muhsin: Fünf Stück.

Şinasi: Warum macht ihr Türken so viele Kinder?

Muhsin: Ich denke an die Zukunft des deutschen Volkes.

Şinasi: Kaum hat er sich integriert, schon denkt er an die Zukunft der Deutschen. Aber wie meinst du das?

Muhsin: Die Deutschen sterben doch aus, aber die Renten müssen bezahlt werden, und die Bundeswehr braucht Soldaten.

Şinasi: Ich glaube nicht, daß ich diesen Moment erleben werde. Aber es wäre toll. Generalfeldmarschall Şinasi Dikmen, Generlinspekteur der Bundeswehr. Mach weiter Kinder. Soll ich dir dabei helfen?

Muhsin: Ich brauche keine Hilfe, ich mache meine Kinder selbst. In der Türkei habe ich auch noch zwei Kinder ...

Şinasi: Dann macht das sieben. Gut.

Muhsin: Morgen fahre ich in die Türkei, um meine Kinder zu holen.

Şinasi: Wie alt sind sie?

Muhsin: Das eine sieben, das andere neun.

Şinasi: Zu spät. Sie dürfen nicht nach Deutschland.

Muhsin: Sie müssen. Sie waren bei meiner Schwiegermutter, und die ist tot.

Şinasi: Das hättest du dir vorher überlegen müssen. Nach dem noch nicht verabschiedeten neuen Ausländergesetz dürfen Kinder über sechs Jahre nicht nach Deutschland kommen.

Muhsin: Wo sollen sie jetzt bleiben, wenn die Schwiegermutter tot ist?

Şinasi: Das ist dein Problem, ein moderner Mensch muß damit rechnen, daß die Alte irgendwann einmal stirbt.

Muhsin: Hast du gewußt, wann dein Großvater stirbt?

Şinasi: Ich habe keinen. Hätte ich einen, so hätte ich ihn ins Altersheim gebracht, damit wäre er für mich erledigt.

Muhsin: Was sollen wir jetzt machen?

Şinasi: Nichts. Die Schwiegermutter verfluchen. Sie ist schuld. Warum ist sie auch gestorben? Wenn sie ihre Enkelkinder gemocht hätte, hätte sie es noch ausgehalten, bis deine Kinder 18 sind. Am besten wäre es natürlich gewesen, wenn sie vor zwei Jahren gestorben wäre, dann hättest du deine Kinder mit gutem Gewissen nach Deutschland bringen können.

Muhsin: Was spricht dagegen, daß meine Kinder, die über sechs Jahre alt sind, nach Deutschland kommen?

Şinasi: Integration und Humanismus. Die Parteien Deutschlands: intrigiert und humanistisch. Das kapierst du wohl nicht?

Muhsin: Das kapiere ich nicht.

Şinasi: Humanismus hat mit Kultur zu tun. Da du keine Kultur hast, kannst du auch kein Humanist sein.

Muhsin: Wer sagt, daß ich keine Kultur habe?

Şinasi: Die Deutschen, die kennen deine Kultur: Kebabkultur, Bauchtanzkultur. Das eine teilst du mit den Griechen, das andere mit den Arabern. Du bist kein Humanist, du magst Tiere nicht.

Muhsin: Ich mag Tiere!

Şinasi: Das nehme ich dir nicht ab. Das Ulmer Tierheim hat beschlossen, daß die nicht integrierten Ausländer kein Tier mehr bekommen.

Muhsin: Ja. Sie haben recht. Die Italiener fressen Katzen, die Türken Hunde, ich kenne einen Griechen, der an einem Tag 25 Meerschweinchen gebraten hat.

Şinasi: Wenn du dich intrigieren willst ...

Muhsin: Integrieren.

Şinasi: Willst du mich korrigieren? Wenn du dich intrigieren willst, dann mußt du dich bilden.

Muhsin: Viel Bildzeitung lesen, Konsalik auswendig lernen, Heino singen?

Şinasi: Ja, ja. Hoch auf dem gelben Wagen,
Sitz ich beim Schwager vorn,
Vorwärts die Rosse traben
Lustig schmettert das Horn. (Er fordert die Zuschauer auf mitzusingen.)

Felder, Wiesen und Auen,
Leuchtendes Ährengold.
Ich möchte so gerne bleiben
Aber der Wagen der rollt, der rollt.

Muhsin: Sag mal, unter uns Türken, findest du das gut? Ich kann das verstehen, wenn ein deutscher Bundespräsident sowas singt, aber du als Türke?

Şinasi: Ja, wieso denn nicht? Ich als integrierter Türke singe nur deutsche Volkslieder. Ich denke deutsch, ich träume deutsch, und ich singe deutsch. Weißt du, warum dir die Integration schwerfällt? Weil die Türken die Unterhose selten wechseln.

Muhsin: Moment mal, wir wechseln oft ...

Şinasi: Dann kannst du auch die Kultur wechseln und jetzt die der Deutschen übernehmen. Da läuft schon wieder eine Blondine. Ich muß ihr beweisen, daß ich ein integrierter Türke bin. (Muhsin läuft nicht mit. Şinasi geht ab.)

Muhsin: Wenn du auch die nicht bekommst, dann geh in den Puff, da sind wir herzlich willkommen.
Ich habe irgendwo gelesen, daß Integration die Aufnahme einer ethnischen Minderheit desselben Volkes in eine größere Einheit ist. Desselben Volkes? ... Mir ist nicht bekannt, daß die Türken mit Alemannen, mit Germanen, mit Deutschen, mit euch (Schwaben) irgendwie verwandt oder verschwägert sind. Oder doch? Woanders habe ich gelesen, daß die Integration Zwang zur Kooperation ist. Soll ich mich zwingen lassen, oder soll ich mich kooperieren lassen? Nein, ich möchte mich nicht integrieren.

Şinasi: (kommt) Was, du willst nicht integriert sein? Meine ganze Hoffnung ist im Eimer. Ich biete dir den goldenen Sattel, die Integration, und du lehnst ab.

Muhsin: Ein Esel bleibt auch dann ein Esel, wenn er einen goldenen Sattel bekommt. So sagt man in Anatolien!

Şinasi: So sagt man in Anatolien. Trotzdem willst du mit deiner türkischen Kultur in Deutschland bleiben?

Muhsin: Trotzdem bleibe ich in Deutschland. Und was ist mit deiner türkischen Kultur?

Şinasi: Damit habe ich nichts mehr zu tun.

Muhsin: Wirklich nicht?

Şinasi: Wirklich nicht.

Muhsin: Wir werden ja sehen. (Er schaltet den Kassettenrekorder ein, spielt ein türkisches Lied.)

Şinasi: Ich habe mich davon befreit, ich will von dieser türkischen Kultur nichts mehr wissen. Diese Musik ... scheußlich. Das macht mich nicht an. Hoch auf dem gelben Wagen. (Langsam, murmelnd zieht er sein Hemd hoch, so daß sein Bauch sichtbar wird, beginnt mit dem Bauchtanz.)

(Muhsin animiert ihn, dann hört er auf. Am Ende des Tanzes kommt eine Briefträgerin auf die Bühne, sie sucht Şinasi Dikmen.)

Şinasi: Ja, ich bin Şinasi Dikmen.

Briefträgerin: Ein Brief für Sie. Würden Sie bitte hier unterschreiben.

Şinasi: Gern. (Er unterschreibt.) Ich hatte ein Heiratsinserat aufgegeben, das ist bestimmt die Antwort von einer Blondine. Willst du mein Inserat lesen? (Er gibt Muhsin ein Stück Zeitung.)

Muhsin: (Liest laut) h.d.f.o.d.m.b.s.u.h.a.i.o.n.i.n. Was soll das heißen?

Şinasi: Kurz und knapp, ökonomisch. Das heißt: Hallo deutsches Fräulein, ob du mollig, blond, schwerhörig, ungebildet, hässlich, arm, intolerant bist oder nicht, ich nehme alles, wenn auch deine Großeltern Deutsche sind. Ich, Türke, Integrationsexperte, 1.91,3 groß und 70,95 kg schwer.

Muhsin: (Schaut Şinasi mißtrauisch an.) 1.91,3 groß?

Şinasi: Es kommt darauf an, von wo aus du mich anschaust.

Muhsin: Der Brief kommt aber von der Stadt ...

Şinasi: Stimmt. Die Stadt schickt mir persönlich einen Brief? Ich lese ihn dir vor: Sehr geehrter Herr Şinasi Dikmen, das bin ich, der sehr geehrte Şinasi Dikmen, wir ersuchen Sie höflichst, sie ersuchen mich höflichst, binnen sechs Tagen die BRD zu ... (er fällt auf den Boden).

Muhsin: (Hebt das Blatt auf und liest laut vor.) zu verlassen. Hey, Schimansky, was ist los mit dir?

Şinasi: Ich bin in die Türkei abgeschoben.

Muhsin: Und?

Şinasi: Was soll ich in der Türkei machen? Ich kenne sie nicht mehr.

Muhsin: Das ist kein Problem. Willst du eine Blondine?

Şinasi: Ja.

Muhsin: Die findest du in der Türkei, oben ohne. Meer, Sonne, Frauen, Kellner, die Deutsch sprechen, deutsche Surflehrer, Sauerkraut, Kartoffeln, alles findest du in der Türkei. Jodeln wirst du auch nicht vermissen. Es können dir höchstens die deutschen Demokraten fehlen, die hinter deinem Rücken tuscheln, die Türken müßten raus.

Şinasi: Ist das wahr? Was mache ich dann im Winter, wenn die Deutschen ihren Urlaub beendet haben?

Muhsin: Dich wie ein Türke benehmen, die Frau auf das Feld schicken, dich ins Café setzen.

Şinasi: Ich kann aber nicht, ich weiß nichts mehr von der Türkei.

Muhsin: Mach dir keine Sorgen, ich reintegriere dich. Steh auf, die erste Übung ist: Die Begrüßung der Nachbarn untereinander. Du gehst jetzt nach rechts, ich gehe nach links, und wir treffen uns hier in der Mitte, und du wünschst mir einen schönen guten Tag, aber auf türkisch. Komm, komm.

Şinasi: Ich wäre gern hiergeblieben, zugegeben, aber wenn Ihr mich nicht haben wollt. Ah sevgili Kardeşim, Ahmet, ne haber be, epeydir görüşmemistik, iyi ki rastladim sana, birak da bir öpeyim seni. Çocuklar nasil, yenge, annen ...

Muhsin: Na, ging doch gut, oder?

Şinasi: Ja, das ging gut.

Muhsin: Ich habe diesmal meinen Text nicht vergessen.

Şinasi: Je länger wir dieses Stück spielen, desto mehr integrierst du dich.

Muhsin: Du, wir sind mit ihnen fertig, aber die bleiben immer noch hier sitzen.

Şinasi: Gell?

Muhsin: Es rührt sich keiner.

Şinasi: (Zum Publikum) Was glauben Sie denn? Sie können ja nicht bis in die Ewigkeit hier sitzen.

Muhsin: Nicht wahr? Merken Sie denn nicht, daß wir Sie nicht mehr brauchen?

Şinasi: Sie müssen Abschied nehmen. Jetzt ist die Zeit reif. Wir müssen etwas tun, damit sie es kapieren.

Muhsin: Aber was?

Şinasi: Ich weiß es auch nicht. Du mußt was tun, schließlich hast du sie hierher geholt.

Muhsin: Ich? Ich wollte Zuschauer, doch es kamen Menschen.

Şinasi: Sie sind hier und keiner will gehen. Das ist eine Sauerei. Okay, okay, wir haben an ihnen was verdient, aber bleiben dürfen sie nicht länger.

Muhsin: Das denke ich auch. Gehen müssen sie auf alle Fälle.

Şinasi: Sie sollen raus.

Muhsin: Bitte nicht so. Das Wort „RAUS“ habe ich schon oft genug gehört. Es sind doch nur Zuschauer, aber sie sind auch Menschen. Das dürfen wir ihnen nicht zumuten. Wenn sie sich entschieden haben, hier zu bleiben, dann müssen wir sie auf der Bühne integrieren.

Şinasi: Meinst du, die sollten auch Kabarett machen?

Muhsin: Das müssen sie tun. Wir können sie einerseits nicht als Zuschauer herholen und ihnen andererseits verbieten, sich in das Programm einzumischen.

Şinasi: Ich schlage vor: Sie müssen unbedingt heimkehren.

Muhsin: Das wäre besser.

Şinasi: Sag es ihnen, ich bin dafür zu feige.

Muhsin: Immer ich, immer ich. Wenn du es nicht sagen kannst, dann kannst du es an die Wand schreiben: Zuschauer weg. Knobistan den Knobis.

Şinasi: Ich habe eine demokratische Idee.

Muhsin: Sag!

Şinasi: Der erste Zuschauer, der heimkehrt, bekommt eine Prämie von 10,50 DM.

Muhsin: Das ist aber eine leise Abschiebung.

Şinasi: Ich zwinge niemanden. Der Heimkehrende, der ein Kind hat, bekommt pro Kind 50 Pfennig dazu. Wir verlassen uns auf ihren Heimkehrwillen, und das ist demokratisch, christlich, humanistisch ...

Muhsin: Was sollen sie zu Hause tun?

Şinasi: Deutschland den Deutschen. Aber wir zahlen erst dann, wenn der Zuschauer sich am Ausgang bestätigen läßt, daß er für immer Knobistan verlassen hat.

Muhsin: (Zum Publikum) Meine Damen und Herren, aus kabarettwirtschaftlichen Gründen kann Ihre Aufenthaltsgenehmigung in Knobistan nicht mehr verlängert werden ... Auf Nimmerwiedersehen!

Besonders bedanken möchte ich mich an dieser Stelle bei Herrn Drasko Antov sowie bei Herrn Ralf Milde.

Narrwort

„Verehren bedeutet nicht: sich begeistern – das hieße leicht: sich genießen –, auch nicht: aufgehen im anderen – das hieße: Echtheit und Klarheit überspringen –, vielmehr: festen Herzens der Größe sich beugen, sich mühen um Verständnis und Nachfolge."
(aus einem Nachwort von Paul Stöcklein)

Das Wichtigste vorweg: Ich liebe die Satiren von Şinasi Dikmen! Ja, nachdem ich sein erstes Buch „Wir werden das Knoblauchkind schon schaukeln" gelesen hatte, spielte ich sofort mit dem Gedanken, einen Dikmen-Fan-Club zu gründen. Das ist gar nicht so einfach! Es mußte natürlich ein eingetragener Verein sein, damit die Spenden, dic ich mir von den eifrigen deutschen Dikmen-Lesern erhoffte, von der Steuer abgesetzt werden könnten. „Gastarbeiter" Satire als Abschreibungsprojekt. So jedenfalls meine Überlegung. (Daß ich den Reinerlös zusammen mit Şinasi – den ich damals noch Schimanski nannte, weil ich seinen Namen nicht aussprechen konnte – verjubeln wollte, hing ich selbstverständlich nicht an die große Glocke). Doch ich hatte natürlich nicht damit gerechnet, daß meine finanzkräftigen Landsleute gar nichts von Şinasi Dikmen wissen wollten. Wenn die wüßten, was der für eine gute Meinung von uns hat: Das deutsche Volk findet er überwältigend ...

Wie dem auch sei – die Idee vom Fan-Club war bald gestorben und ich verzweifelt. Zu dieser Zeit begab es sich aber, daß ich von einem neuen Dikmen-Buch erfuhr: „Der andere Türke“ sollte es heißen. Sofort schrieb ich an Şinasis Verleger, ich wollte ein Vorwort zu dieser neuen Satire-Sammlung schreiben. Doch stieß ich auch mit diesem Plan auf Widerstand: Eine solche Geburtshilfe hätten diese Texte gar nicht nötig, kam es aus Berlin zurück. Also wieder Pustekuchen!
Schmollend griff ich ein halbes Jahr lang nur noch zu Neuerscheinungen deutscher Autoren, das war meine Strafe! Als das halbe Jahr vorüber war, hatte ich nur mich selbst gestraft. Diese sechs Monate ohne „Gastarbeiterliteratur“ haben mich gesundheitlich ruiniert. Ich mußte mich einem längeren Krankenhausaufenthalt unterziehen, und wäre Şinasi nicht mein Pfleger gewesen, läge ich noch heute dort. Sie wissen ja vielleicht, daß Şinasi Dikmen türkischer Gesundheitsbeamter war und später zum deutschen Fachkrankenpfleger der Ulmer Universitätskliniken konvertierte. Jedenfalls hat er mich wieder auf Vordermann gebracht, obwohl er doch ganz andere Dinge im Kopf hatte zu der Zeit.
Bis Ende März mußte sein Kabarett fertig sein, er probte bald jeden Tag. Dadurch verzögerte sich zwangsläufig sein neues Buch. Erst zwanzig Seiten hatte er geschrieben. Dieses dünne Manuskript schickte er seinem Verlag mit den Worten, man möge mich bitten, ein achtzig-Seiten-langes Vorwort zu schreiben, und schon wäre das Buch fertig. Kerngesund und um Jahre jünger verließ ich mein Krankenbett.
Nun sind die Wünsche der Autoren mit denen ihrer Verleger nicht immer identisch, das weiß ich schon lange. Und vermutlich ging es Şinasi einzig und allein um meine Genesung, ich rechne ihm das hoch an. Aber er ist nun mal ein

Türke, wenn auch ein anderer, aber Türke bleibt Türke. Und wie alle Türken, so verfügt natürlich auch Şinasi Dikmen über eine nicht zu unterschätzende Schlitzohrigkeit. Kurz und gut: Er hat mich reingelegt! Zwanzig Seiten wollte er schreiben, nun sind es doch fast 120 geworden, und für mein schönes Vorwort bleibt kein Platz mehr. „Laß dich nicht mit Türken ein", pflegte meine alte Tante immer zu sagen, wenn sie Froschschenkel aß und anschließend den Kellner beim Bezahlen beschiß: „Die stinken nicht nur nach Knoblauch, sondern die hauen dich auch auf Schritt und Tritt über's Ohr!" Ja, das waren ihre Worte.
Aus Platzgründen kann ich hier also nur in Stichworten, nun ja, sagen wir besser: in äußerster Knappheit zusammenfassen, wie ich „Der andere Türke" ursprünglich einleiten wollte. Ich wollte schreiben, daß jede Ähnlichkeit der von Şinasi Dikmen beschriebenen Personen mit real existierenden „türkischen Werktouristen" rein zufällig wäre. Oder sind Sie der Meinung, es gäbe tatsächlich Knobi-Türken, die in ihrer deutschen Wohnung einen Schreibtisch haben? Haben Sie gewußt, daß „Zeit"-Leser nie und nimmer türkische Staatsbürger sein können (und daß wiederum Nicht-„Zeit"-Leser mit richtigen Deutschen wenig gemein haben)? Können Sie sich etwa türkische „Gastarbeiter" in einem deutschen Schrebergarten vorstellen? Haben Sie wirklich geglaubt, ein guter Türke würde mir nichts, dir nichts in die Heirat seiner Tochter mit einem Deutschen einwilligen? Wer die Eskalation der deutschen Wohltätigkeit den Türken gegenüber nicht überwältigend findet, der kann mich mal ...
Keine Angst, das ist ja alles nur Satire! Und doch die größtmögliche Vorsicht, gerade weil es Satire ist. Als Meister der spitzen Feder greift Şinasi Dikmen die Probleme der Minderheiten auf und hat so mit seiner satirischen Schreibweise die angemessenste Ausdrucksform für die sogenannte

„fünfte deutsche Literatur" gefunden. Wie jeder Satiriker strebt Dikmen eine Besserung der satirisierten Personen und Zustände an, er möchte zur Einsicht bringen, zum Positiven verändern und Kommunikation anregen. Die übertriebenen Anpassungswünsche, die die deutschen „Hausherren" von ihren türkischen „Gästen" fordern, bilden die Hauptangriffsflächen seiner Kritik. Dabei arbeitet Dikmen mit zahlreichen Umkippeffekten, er verkehrt Klischees und vertauscht die Rollen. Seine Integrations-Satiren machen sich die im Rezipienten bereits vorhandenen Normensysteme und Vorurteile zunutze und führen sie ad absurdum. Indem er die Deutschen selbst zu Wort kommen läßt, gelingt ihm die Illusion scheinbarer Selbstentlarvung.

Şinasi Dikmen bedient sich einer Bestimmtheit-Vertuschungs-Strategie, also des Sagens ohne etwas gesagt haben zu wollen. Überhaupt beherrscht uneigentliches Sprechen seine Texte. Ironie wohin man sieht, und immer fungiert sie als Waffe. Das Gegenteil des Gemeinten wird gesagt. Und zwar meistens in maßloser Übertreibung: Die hyperbolische Sprache ist stilistisches Äquivalent zur thematisierten Hyper-Integration. Ich frage mich, ob Şinasi Dikmen mit seiner Rhetorik nicht auch Strukturen der alltäglichen Interaktion aufgreift: Da werden oft, wenn's drauf ankommt, große Reden der Verständigung gehalten, im Beisein von Türken geben sich Deutsche gern tolerant, um hinter deren Rücken doch wieder in ausländerfeindliche Muster zu verfallen. In diesem Sinne sind die Satiren Şinasi Dikmens auch eine Kritik der zynischen Vernunft. Nicht selten kommt es dabei zu paradoxen, aberwitzigen Dialogen, etwa wenn der junge Deutsche aus „Alles in Butter" seinen Sperrmüll bei den Türken ablädt im Irrglauben, ihnen damit zu helfen: „Als ich ihn fragte, was ich mit einem Tisch machen könnte, der nur zwei Beine hat, antwortete er mir:

'Das ist Ihre Sache, was Sie damit machen, Sie sind der Türke, nicht ich.'

Das alles sind leider nicht nur Hirngespinste von Şinasi Dikmen; sein Ausgangspunkt ist immer die reale Erfahrung: „Dikmen führt in seinen Texten Ereignisse vor Augen, die ihm bzw. seinen Landsleuten so oder in abgewandelter Form widerfahren sein mögen, bürstet sie diskursiv gegen den Strich, indem er das Negative als Positives benennt und kehrt so die zahlreichen negativen Erfahrungen in ironisch übertriebener Schreibweise gleichsam um." So formuliert es Monika Frederking in ihrer – parallel zu diesem Satireband erscheinenden – Untersuchung der Literatur türkischer Migranten in der Bundesrepublik Deutschland, „Schreiben ohne Vorurteile". Bei aller Komik der Situation läßt Şinasi Dikmen in seinen Satiren die kleinen Demütigungen und alltäglichen Enttäuschungen durchschimmern. Es ist kein Zufall, daß sich einige Ich-Erzähler dieser Sammlung als Herr Dikmen anreden lassen: Die bewußt autobiographische Schreibweise gehört zum Konzept. Über seine Schreibintention äußerte Şinasi Dikmen in einem theoretischen Beitrag, der deutlich macht, inwieweit Satire auch Selbsttherapie sein kann: „Meine Motivation, warum ich Satire schreibe, ist nicht Idealismus, sondern ist meine innere Befriedigung, Zorn, Ausweglosigkeit, Suche. Nachdem ich einen Text geschrieben habe, der mir gelungen erscheint, lehne ich mich zurück, und lese den Text mit Wonne und Genuß laut, und ... ich freue mich darauf, daß ich den Deutschen eins ausgewischt habe. Eine Woche lang habe ich keinen Zorn mehr, ich mag die Deutschen sogar; die Ausweglosigkeit habe ich überwunden, ich sehe wieder für mich eine Zukunft in Deutschland." Freilich räumt Şinasi Dikmen dabei ein: „Das dauert aber nur eine Woche, dann sehe ich alles wieder klar, warum mein Nachbar mich wieder beschuldigt hat, daß ich gestern abend so laut gewesen sei."

Şinasi Dikmens Satiren werden immer böser. Sie wollen nicht nur den Deutschen eins auswischen, sondern machen in ihrer Kritik auch vor den negativen Verhaltensweisen der Ausländer nicht halt. Oft handelt es sich hierbei um starres Festhalten an althergebrachten Konventionen und um die Diskriminierung türkischer Frauen. Solcherart ist „Gastarbeiter"-Satire eine reine Ausländer-Domäne; sie kann von deutschen Autoren, die die Minderheit auch dem Spott aussetzen, nicht geleistet werden, ohne in den Verdacht zu geraten, die „Gastarbeiter" verletzen zu wollen.

Vielen Prosatexten dieser Sammlung merkt man an, daß in ihnen das Dialogische überwiegt. Es ist deshalb nur konsequent, wenn hier neben acht Erzählungen auch das Bestreben des Satirikers Dikmen dokumentiert wird, zunehmend szenisch-dialogische Texte zu schreiben. Besonders interessant ist die Lektüre dann, wenn der Leser nachvollziehen kann, wie ein ursprünglicher Prosatext für die Bühne bearbeitet wurde. „Wir tun so, als ob wir Deutsche wären" ist diesem Prinzip nach in das Theaterstück „Vorsicht, frisch integriert!" eingegangen. Nach mehrfacher Überarbeitung liegt jetzt ein Spieltext vor, der einerseits dazu anregen könnte, selbst einmal die eigenen Probleme zu theatralisieren, andererseits aber auch von Theatergruppen in der gedruckten Form nachgespielt werden soll. Die schnellen Sprecherwechsel und die auf Pointen zielende Dialogführung weisen diese Theatersatire als Kabarett aus. Zusammen mit seinem Freund, dem Ulmer Karikaturisten Muhsin Omurca, hat Şinasi Dikmen – übrigens unter der Gruppenbezeichnung „Knobi-Bonbon-Kabarett" – „Vorsicht, frisch integriert!" am 29. März 1985 uraufgeführt. Seitdem konnten Zuschauer auch außerhalb Ulms das Kabarett bei Gastspielen sehen. Man sollte nicht immer wieder an den

kleinen sprachlichen Unebenheiten herummäkeln; eine geglättete Fassung würde eher störend wirken, das geschliffene Wort bedeutet in diesem speziellen Fall einen Verlust an Spontanität oder – poetischer: Der Buchstabe tötet, aber der Geist macht lebendig. In diesem Sinne ist gerade dem Kabarett-Text „Vorsicht, frisch integriert!“ eine weite Verbreitung zu wünschen.
Und wo wir schon einmal beim Wünschen sind: Gerne hätte ich jetzt den verehrten Lesern viel Spaß bei der Lektüre gewünscht, doch soeben klingelte das Telefon, es war Şinasis Verleger. Also, ein Vorwort komme überhaupt nicht in Frage, was ich mir denn eigentlich einbilde, auch noch vor Şinasi stehen zu wollen. Nein, nein und nochmals nein, so gehe das gar nicht. Wir machen das jetzt ganz anders. Ein Nachwort, jawohl, ein Nachwort müsse es sein, das sei das Äußerste, was man verantworten könne. Amüsiert nahm ich zur Kenntnis, daß er dabei das „ch“ so komisch aussprach – spontan kam mir eine Idee.
Trotzdem überlegte ich noch einige Zeit, wie ich Ihnen dennoch ein freudenreiches Leseerlebnis wünschen könnte, und mir fiel ein, daß Sie ja dieses Buch noch ein zweites Mal lesen könnten. Nein, nicht für sich, zum Schmunzeln vor dem Einschlafen. Nein! Ich dachte, vielleicht lesen Sie es ja Ihrem Nachbarn vor, der seinen neuen Diesel-Mercedes mit Altöl fährt und sich täglich über den Knoblauchgeruch der Türken im Treppenhaus beklagt. Oder dem Hausmeister, der sich den Lärm der spielenden Ausländerkinder im Garten verbietet, während er mit über 80 Phon den Rasen mäht. Oder dem Sohn der Familie von gegenüber, der sich jetzt einen neuen BMW mit allen möglichen Spoilern gekauft hat und befürchtet, die „Gastarbeiter“ könnten ihm seinen Arbeitsplatz wegnehmen. Oder Sie verschenken es: dem jugoslawischen Meister, der Sportlehrerin aus der Tschechoslowakei, dem Kellner aus Italien, dem Showma-

ster aus Holland, den Sängern aus Griechenland oder den „Gastarbeitern" aus der Türkei. Den Chefs der Ausländerämter, die wohl auch vorläufig noch Deutsche bleiben werden, schummeln Sie dieses Buch am besten irgendwo zwischen die Akten. Und einem sollte man den „anderen Türken" ganz besonders empfehlen: nämlich jenem Minister, der auf die Frage, was seine Regierung bislang zur Senkung der Arbeitslosigkeit getan hätte, antwortet: Wir haben die Rückkehrwilligkeit der Ausländer gefördert ...
Und fragen Sie mich, ob man Şinasi Dikmens neues Buch kritisch-soziologisch zu lesen habe, so antworte ich: durchaus nicht! Und fragen Sie mich weiter, wie diese Satiren denn nun aufgenommen werden sollen, so sage ich es Ihnen mit aller Entschiedenheit (und dem Seitenblick auf dieses Narrwort): mit Humor.

Saarbrücken, im Dezember 1985

Lutz Tantow

Vom gleichen Autor:
Şinasi Dikmen:
Wir werden das Knoblauchkind schon schaukeln
ISBN 3-88548-041-7, EXpress Edition, 1983